MARCEL LABORDÈRE

UNE

PROFESSION DE FOI
CARTÉSIENNE

LIBRAIRIE ARMAND COLIN
103, Boulevard Saint-Michel, **PARIS**

Prix *net* : 3 francs.

UNE

PROFESSION DE FOI
CARTÉSIENNE

MARCEL LABORDÈRE

UNE
PROFESSION DE FOI
CARTÉSIENNE

LIBRAIRIE ARMAND COLIN
103, BOULEVARD SAINT-MICHEL, PARIS
1919

UNE PROFESSION DE FOI CARTÉSIENNE

C'est une chose bien connue que la forme de gouvernement où la vertu est le plus nécessaire est la forme démocratique. Montesquieu le proclame au chapitre III du livre III de l'*Esprit des Lois* et il est, de soi, évident que, dans une démocratie d'où la vertu serait totalement absente les élus du peuple, maîtres absolus du pouvoir, seraient tout simplement ceux qui lui plairaient le plus parce qu'ils lui présenteraient les plus folles chimères auxquelles eux-mêmes ajouteraient foi, par ignorance, par bêtise, par folie, ou qu'ils proclameraient sans y croire, par imposture; ce serait aussi ceux qui flatteraient le plus savamment sa plus basse passion, l'envie, étant eux-mêmes les plus envieux de tous.

Ainsi les États démocratiques doivent être, plus qu'aucuns autres, religieux ou philosophes si tant est que la religion et la philosophie engendrent la vertu, ce qu'il faut bien admettre, à moins que la vertu ne soit le fruit du hasard et ne se puisse accroître par culture quand tout ici bas le peut; on voit sans doute, d'ailleurs, des sociétés humaines n'être plus sous l'empire d'aucune religion ni philosophie et persister dans des habitudes de vertu, prises jadis sous cet empire, ou suivre avec une docilité de machine la pratique morale d'une élite que la religion et la philosophie n'ont pas cessé d'instruire.

Les peuples ne diffèrent pas entre eux que par la forme de gouvernement; ils diffèrent aussi entre eux par le caractère. Ne serait-il pas vrai encore qu'un peuple d'un certain caractère a plus que les peuples d'un autre caractère besoin de religion ou de philosophie? Par exemple, à défaut de religion ou de philosophie qui le guide, un peuple imaginatif, impressionnable, artiste, doux, ne sera-t-il pas bien plus sujet à la mollesse, au manque d'initiative

et d'esprit de suite, ou encore à des entraîne-
ments collectifs désastreux, qu'un peuple moins
imaginatif, moins impressionnable, moins
artiste et moins doux? A bien regarder autour
de moi, il me semble que les individus les plus
impressionnables, les plus artistes, se sont
montrés parfois sujets aux plus grands écarts,
par dilettantisme, excès de tout genre, incon-
séquence notoire. De plus simples qu'eux,
prenant la vie d'une façon toute bornée et
toute terre à terre, atteignaient des objectifs
matériels et moraux bien supérieurs. Au
contraire, soutenus par une religion quelconque, une philosophie, si simple et si rudi-
mentaire soit-elle, les individus les plus impressionnables et les plus artistes faisaient merveille,
retrouvaient toute la supériorité des dons
naturels qui étaient en eux. Ce qui est vrai
des individus a chance de l'être aussi des
peuples.

Cela dit en général, constatons en particulier
qu'un peuple impressionnable ne peut guère
être colonisateur s'il n'est religieux ou philo-
sophe. C'est si dur, quand on l'âme tendre, de

quitter sa patrie! au moins qu'on emporte ses dieux! Pour cela il faut en avoir.

Que je me crusse ou non impressionnable, je tentai d'assurer ma philosophie et ma religion en relisant, de Descartes, le *Discours sur la Méthode*, les *Méditations*, les *Passions de l'âme*, un *Choix de Lettres*[1], d'Adrien Baillet, la *Vie de Descartes*, de Nicole, le *Traité de la Prière*, de Saint-Jean de la Croix, *La Montée du Carmel*[2]. L'un un peu antérieur, l'autre un peu postérieur, Saint-Jean de la Croix et Nicole me semblaient, à tort ou à raison, compléter Descartes. Naturellement il se dégagea pour moi de ces lectures ce qui s'en dégage pour tout lecteur : une philosophie physiologique d'abord, une philosophie métaphysique ensuite et enfin quelques réflexions sur la religion.

*
* *

« Or, en considérant les diverses altérations que l'expérience fait voir de notre corps pen-

---

1. *Discours de la Méthode et Choix de lettres*, édition Firmin Didot.

2. Traduction de Monseigneur Gilly, Tequi, éditeur.

dant que notre âme est agitée de diverses passions, je remarque en l'amour, quand elle est seule, c'est-à-dire quand elle n'est accompagnée d'aucune forte joie, ou désir, ou tristesse, que le battement du pouls est égal et beaucoup plus grand et plus fort que de coutume, et qu'on sent une douce chaleur dans la poitrine, et que la digestion des viandes se fait fort promptement dans l'estomac en sorte que cette passion est utile pour la santé [1].

Peut-être pourrait-on ajouter que, dans cette passion, le sang se purifie par une respiration régulière et profonde.

Amour précieux, amour qui ressemble à la force même de la vie! Mais quel est donc cet amour? Ne disions-nous pas tout à l'heure qu' « il n'est accompagné d'aucune forte joie ou désir ou tristesse »? Amour sauvage et bizarre qui s'interdit la joie et, aussi bien, la tristesse, partant la crainte, qui fait mentir le tendre dicton « on peut craindre sans amour

1. Descartes, *Les Passions de l'âme*, seconde partie, article XCVII.

mais on ne peut aimer sans aucune crainte[1] ».
Amour qui fuit le désir car il sortirait de sa
définition, amour étrange déjà par cela seul
qu'il respecte les définitions! Cet amour, à la
vérité, est un amour tel qu'en peuvent con-
struire les philosophes, une abstraction, ou,
plus exactement, c'est une passion que Descartes isole et dégage à grand'peine d'avec
d'autres passions car, effectivement, elle ne se
trouve guère dans la nature à l'état simple
bien qu'elle s'y trouve universellement à l'état
composé; c'est une des six passions « simples
et primitives » « à savoir l'admiration, l'amour,
la haine, le désir, la joie et la tristesse », que
Descartes discerne ainsi et auxquelles il ramène
toutes les autres lesquelles « sont composées
de quelques-unes de ces six ou bien en sont
des espèces »[2].

L'admiration « a cela de particulier qu'on
ne remarque point qu'elle soit accompagnée

1. Maxime de M. Hamon, médecin de Racine, dans un de
ses traités, celui « de la solitude », ou, plus probablement,
celui « de la prière continuelle ».

2. Descartes, *Les Passions de l'âme*, seconde partie,
article LXIX.

d'aucun changement qui arrive dans le cœur et dans le sang » [1].

Après l'amour, la haine : « je remarque au contraire en la haine que le pouls est inégal et plus petit, et souvent plus vite ; qu'on sent des froideurs entremêlées de je ne sais quelle chaleur âpre et piquante dans la poitrine ; que l'estomac cesse de faire son office et est enclin à vomir et rejeter les viandes qu'on a mangées, ou du moins à les corrompre et convertir en mauvaises humeurs ».

« En la joie, je remarque que le pouls est égal et plus vite qu'à l'ordinaire, mais qu'il n'est pas si fort ou si grand qu'en l'amour ; et qu'on sent une chaleur agréable qui n'est pas seulement en la poitrine, mais qui se répand aussi en toutes les parties extérieures du corps avec le sang qu'on y voit venir en abondance ; et que cependant on perd quelquefois l'appétit, à cause que la digestion se fait moins que de coutume. »

« En la tristesse, je remarque que le pouls

1. Descartes, *Les Passions de l'âme*, seconde partie, article LXXI.

est faible et lent, et qu'on sent comme des liens autour du cœur qui le serrent, et des glaçons qui le gèlent et communiquent leur froideur au reste du corps ; et que cependant on ne laisse pas d'avoir quelquefois bon appétit et de sentir que l'estomac ne manque point à faire son devoir, pourvu qu'il n'y ait point de haine mêlée avec la tristesse. »

« Enfin je remarque cela de particulier dans le désir, qu'il agite le cœur plus violemment qu'aucune des autres passions, et fournit au cerveau plus d'esprits, lesquels, passant de là dans les muscles, rendent tous les sens plus aigus et toutes les parties du corps plus mobiles[1]. »

Aucune autre passion n'est donc parfaite et toujours d'accord avec la santé comme est l'amour, tandis que, de son côté, la véritable hygiène est surtout propice à l'amour. Est-il besoin d'aller plus loin chercher les règles de la morale ? Pourquoi il ne faut pas être orgueilleux ? Parce que la joie qui, dans l'or-

1. Descartes, *Les Passions de l'âme*, seconde partie, articles XCVIII, XCIX, C, CI.

gueil, se joint à l'amour de nous-mêmes et de la chose pour quoi nous nous estimons est contraire à l'amour pur. Pourquoi il ne faut pas être envieux? Parce qu'envie est tristesse mêlée de haine. Pourquoi il ne faut pas être coléreux? Parce que la colère est une haine presque toujours accompagnée d'un violent désir « de repousser les choses nuisibles et de se venger[1] ». Nous voilà débarrassés de trois des sept péchés que l'Église Catholique Romaine nomme capitaux. La volupté, en tant qu'elle n'est pas une harmonie des corps toute de grâce et de charme et digne des dieux, est un fort vilain défaut qui bloque la respiration : déjà, par l'effroi de ce simple signalement, nous sommes débarrassés de la luxure. La gourmandise amollit; il serait fort étonnant que le libre jeu des poumons et du cœur y trouve son compte. L'avarice ferme, plus hermétiquement que ne fait aucune autre passion, les voies de l'amour. La paresse ne se conçoit pas seule : c'est une recéleuse qui cache quelque passion désordonnée.

1. Descartes, *Les Passions de l'âme*, troisième partie, article CXCIX.

Cet amour dont parle Descartes et qui s'oppose parfois aux autres passions, toutes nécessaires à la vie, cependant, « toutes bonnes[1] », quoique non pas d'une manière absolue et sans limite, n'est pas un amour d'attendrissement mais un amour de force : ainsi on aime son travail; ainsi on aime un ami et on le veut servir; ainsi, loin de s'en tenir à la lettre des maximes « ne jugez pas pour ne pas être jugé » et « quand vous aurez reçu un soufflet sur la joue droite tendez encore la joue gauche »[2], on juge toujours, — car c'est encore juger que suspendre, après en avoir délibéré, son jugement[3] —, on se défend, quiconque ne nous respecte pas, on l'évite, dans la mesure où sa compagnie paralyse nos forces et semble nous étouffer, on l'évite dans la mesure où nous nous devons à nous-mêmes, mais sous la

1. Descartes, *Les Passions de l'âme*, troisième partie, article CCXI.

2. Textes des Évangiles souvent mal interprétés, mais qui, interprétés à la lumière de l'ensemble des Évangiles, se ramènent, nous en sommes fermement convaincus, au sens indiqué ci-dessus.

3. *Discours de la Méthode*, troisième partie, p. 23 de l'édition Lefèvre et *Discours de la Méthode et Choix de lettres*, édition Firmin Didot, p. 30.

réserve des devoirs qui, par ailleurs, nous peuvent imposer sa compagnie; ainsi on reconnaît ses torts simplement, ses mérites de même; autour de soi, loin de présupposer le bien partout, comme le fait une charité bonasse et aveugle, on ne présuppose rien, on examine; la variété des mouvements et de la composition du fluide nerveux, cause unique des passions, porte à croire, toutefois, que les hommes doivent être entre eux fort différents. Cet amour, qui n'est qu'une application sereine aux êtres et aux choses, est l'amour : « je ne sais point d'autre définition de l'amour, dit Descartes, si ce n'est que c'est une passion qui nous fait joindre de volonté à quelque objet[1] ».

Nous nous sommes vus du dedans, regardons-nous du dehors.

Chaque individu est comme une cellule du corps social, astreint au devoir de toute cellule envers le corps dont elle est partie. Que dirait-on d'une cellule en révolte contre l'organisme? Ne devrait-elle pas être aussitôt rejetée? Et

---

1. *Discours de la Méthode* et *Choix de lettres*, édition Firmin Didot, p. 171, lettre à M. Chanut, du 1er février 1647.

d'une cellule qui égarerait, corromprait le fluide nerveux qu'elle est chargée de transmettre intact à une autre cellule, puis à une autre? Le fluide pur qui doit passer d'un homme à un autre homme, comme d'une cellule à une autre cellule, est la vérité? D'où apparaissent l'horreur et la corruption du mensonge. « Bien que chacun de nous soit une personne séparée des autres et dont par conséquent les intérêts sont en quelque façon distincts de ceux du reste du monde, on doit toutefois penser qu'on ne saurait subsister seul, et qu'on est en effet l'une des parties de l'univers et plus particulièrement encore l'une des parties de cette terre, l'une des parties de cet État, de cette société, de cette famille, à laquelle on est joint par sa demeure, par son serment, par sa naissance, et il faut toujours préférer les intérêts du tout dont on est partie à ceux de sa personne en particulier; toutefois avec mesure et discrétion car on aurait tort de s'exposer à un grand mal pour procurer seulement un petit bien à ses parents ou à son pays et, si un homme vaut plus, lui seul, que tout le reste de sa ville, il n'aurait point raison de se vouloir perdre pour la sauver. Mais si on rapportait tout à soi-même, on ne craindrait pas de nuire beaucoup aux autres hommes lorsqu'on croirait en retirer quelque petite commodité et on n'aurait aucune vraie amitié, ni aucune fidélité et généralement aucune vertu ; au lieu qu'en se considérant comme une partie du public, on prend plaisir à faire du bien à tout le monde, et même on ne craint pas d'exposer sa vie pour le service d'autrui lorsque l'occasion s'en présente ; jusque-là qu'on voudrait aussi perdre son âme, s'il se pouvait, pour sauver les autres : en sorte que cette considération est la source et l'origine de toutes les plus héroïques actions que fassent les hommes. Car pour ceux qui s'exposent à la mort par vanité, pour ce qu'ils espèrent en être loués, par stupidité pour ce qu'ils n'appréhendent pas le danger, je crois qu'ils sont plus à plaindre qu'à priser. Mais lorsque quelqu'un s'y expose pour ce qu'il croit que c'est son devoir, ou bien lorsqu'il souffre quelque autre mal afin qu'il en revienne du bien aux autres, encore qu'il ne considère peut-être plus expressément qu'il fait cela pour ce qu'il doit plus au public dont il est une partie qu'à soi-même en son particulier, il le fait toutefois en vertu de cette considération qui est obscurément en sa pensée[1]. » Membres d'un tout limité, la patrie, nous aimons un milieu physique, un milieu intellectuel, un milieu moral. Membres d'un tout indéfini, nous aimons encore : cet horizon de notre amour qui s'étend, s'élève et se perd, c'est la méditation amoureuse du monde, — la prière.

Dans cette méditation, nous ne sommes plus occupés qu'à aimer, êtres et choses, en sorte que, nous transformant en ce que nous aimons, nous devenons, en effet, comme étrangers à nous-mêmes. Et quand, réveillés de ce sommeil, nous rentrons en notre demeure tout étonnés, nous sommes un homme nouveau : notre œil vierge nous voit dans la froide lumière de la vérité et comme si jamais nous ne nous étions vus; la haine nous rendait aveugles, elle est

1. *Discours de la Méthode* et *Choix de lettres*, édition Firmin Didot, pp. 102 et 103, lettre à Madame Elisabeth, du 15 juin 1645.

morte ; la sympathie qui parfois aussi nous aveuglait s'est transformée. Celui qui ne vit pas au dedans de lui-même est bien vite une dupe ; pressé par le besoin de se répandre au dehors, il n'a pas de discernement dans le choix de ses affections ni dans leur mesure : celui-là seul se suffit à lui-même et discerne qui médite amoureusement sur le monde, ou, plus simplement, qui prie ; rien autre ne remplit le cœur complètement ; rien autre ne peut le remplir constamment et sans lasser : rien autre ne peut le remplir en nous laissant libres car qui se fait l'esclave de Tout ne l'est de rien. Forme exquise de l'état d'amour ci-dessus défini, lequel est proprement la santé du fluide nerveux et une bonne partie de la santé de tout notre corps, telle est la prière [1]. Il me semble donc que cela m'est ordonné de prier comme cela m'est ordonné de manger, comme comme cela m'est

[1]. Le psalmiste au Seigneur : « J'ai ouvert la bouche, et j'ai attiré l'air que je respire ; parce que je désirais beaucoup vos commandements. » Psaume CXVIII, verset 131 (traduction de Sacy). Le lien entre la respiration et la prière n'est pas indiqué par Marc-Aurèle, qui indique toutefois l'analogie entre la respiration et la prière, *Pensées*, livre VIII, pensée LIV.

ordonné de dormir, comme cela m'est ordonné
de vouloir puisque cela m'aide à manger, à
dormir, à vouloir. Et, en ce sens, je perçois
en moi un appétit de prière. D'ailleurs on peut
prier sans prononcer le mot Dieu ni le mot
âme, mais cela ne se peut sans exercer constamment sa volonté. Monsieur Jourdain faisait
de la prose sans le savoir; soyons-en sûrs :
Monsieur Jourdain priait pareillement sans le
savoir — surtout si monsieur Jourdain était
un homme énergique.

*
*   *

Nous ne sommes pas en présence du devoir
d'aimer le monde, devoir qui suit de la loi
naturelle et, en quelque manière, physiologique, sans éprouver de ce chef un fort grand
embarras. Pour se faciliter l'accomplissement
de ce devoir on peut avoir recours, soit à la
simple métaphysique, soit, en plus, à une religion déterminée. Par exemple je me dirai :
quelque effort que je tente, je ne peux pas imaginer de limite à l'étendue et il se présente ainsi

à moi comme une notion de l'indéfini ; de même que l'étendue s'allonge et croît indéfiniment sous mes yeux, il me semble parfois, entrant dans l'abstrait de l'abstrait, qu'au delà d'une qualité ou attribut ayant un certain degré de perfection, il se présente à moi l'idée d'une autre qualité ou attribut de même nature mais d'un degré de perfection plus avancé et ainsi de suite indéfiniment : à la limite, dans une sorte de paroxysme, la puissance devient la faculté créatrice au delà de laquelle il n'y a pas de puissance plus grande et qui est exclusive, qui n'admet pas à ses côtés d'autre puissance semblable, bref, qui implique l'unité. Mon imagination se fixe alors dans cette notion de l'unité ; il me semble que tous ces indéfinis dont je me sentais tout à l'heure vaguement entouré se coagulent, prennent forme et arête précise et sont l'Infini que je conviens de nommer Dieu, bien que je ne sache pas ce que c'est que l'Infini ni ce que c'est que Dieu.

Au delà de toute proportion concevable, la volonté, la charité et la vérité se rassemblent dans l'unité divine.

Et nous découvrons sans peine derrière ces termes les termes équivalents : mouvement, attraction, équilibre, car la vérité n'est qu'un équilibre entre ce qui est et ce que nous pensons qui est ou bien encore entre ce que nous pensons et l'expression que nous produisons au dehors de notre pensée, tandis que l'autre face de la vérité, la justice, revient à un équilibre entre ce que nous avons reçu et ce que nous payons en retour, de bon gré ou par contrainte; enfin que le mouvement et l'attraction ne soient que comme l'apparence sensible de la volonté et de la charité, il est évident.

Volonté, charité, vérité ne sont pas un qu'en Dieu; tout autour de nous, nous voyons ces mots bien souvent synonymes.

Par exemple, vous vous mettez en colère, oubliant toute charité; pourquoi? Vous vous mettez en colère contre l'ingratitude parce que vous aviez l'illusion de croire à la reconnaissance. Méprise! Vous vous mettez en colère pour un manquement au respect qui, dites-vous, vous est dû. Le respect vous être dû! Regardez plutôt. Repassez votre vie. Qu'y voyez-vous? De titre au respect : point. Méprise! L'illusion se dissipe, et la colère fait place à la charité. Vous concluez enfin que vous seul avez jamais mérité votre colère pour avoir été si naïf que d'avoir vu les choses sous un jour faux et ainsi que d'avoir, bien à tort, attendu des effets qui ne pouvaient sortir d'aucune cause. Cette farouche colère, ces haines parfois mortelles, chevauchaient sur l'erreur. Vienne la vérité et la charité d'accourir.

Que Dieu soit volonté, charité, vérité, c'est ce que nous pouvons considérer en détail mais il nous est plus ordinaire, lorsque nous l'adorons, d'arrêter notre pensée sur cette idée qu'il nous crée dans l'instant même où nous l'adorons; « car tout le temps de ma vie peut être divisé en une infinité de parties, chacune desquelles ne dépend en aucune façon des autres et ainsi de ce que un peu auparavant j'ai été, il ne s'ensuit pas que je doive maintenant être si ce n'est qu'en ce moment quelque cause me produise et me crée pour ainsi dire derechef, c'est-à-dire me conserve. En effet c'est une chose bien claire et bien évidente à tous ceux qui considéreront avec attention la nature du temps, qu'une substance, pour être conservée dans tous les moments qu'elle dure, a besoin du même pouvoir et de la même action qui serait nécessaire pour la produire et la créer tout de nouveau si elle n'était point encore ; en sorte que c'est une chose que la lumière naturelle nous fait voir clairement, que la conservation et la création ne diffèrent qu'au regard de notre façon de penser et non point en effet[1]. » Si donc, nous ramassant en nous-mêmes, nous concevons comme une force qui nous crée en cette seconde c'est la vie même et ce que nous pouvons le moins imparfaitement concevoir de Dieu que nous concevons. Et si nous allons encore au delà, faisant abstraction de nos sens comme pour écouter dans le vide absolu, il semble que nous arrivions à une jouissance totale immatérielle, touchant à l'infini par le néant. Descente de Dieu en nous, disons-nous. Et nous pouvons le

---

1. Descartes, *Méditations*, Méditation Troisième, pp. 109 et 110 de l'édition Lefèvre, Paris, 1844 et Descartes, *Œuvres choisies*, édition Garnier, pp. 104 et 105.

dire, sans exagération et sans emphase, en vertu du droit terre à terre des définitions. N'avons-nous pas posé dès l'abord en principe que l'infini, ce qui n'est ni ceci ni cela (en s'appliquant à n'être ni ceci ni cela, c'est-à-dire à repousser toute imagination précise et à tomber ainsi dans un certain néant, l'esprit sort de ses limitations et tend vers l'infini) mais le terme impalpable commun de nos perceptions, idées, sentiments, volontés, prolongés sans fin, se notait d'un signe algébrique particulier, à la portée de tous et en usage chez tous les peuples, — Dieu? Signe algébrique, sans plus; dire une personne, serait trop hardi et trop préjuger d'une analogie quelconque avec notre pauvre moi : sous les lettres de ce mot, Dieu, nous voyons une unité parce que, nous l'avons dit, une puissance, étant absolue, est une, parce que, aussi, une harmonie, étant parfaite, est une.

Infiniment éloigné de nous, il en est infiniment près. De fait il est plus en nous et il est plus nous que nous-mêmes puisque son acte créateur, à notre égard, est ininterrompu.

Et quant à l'idée que nous nous faisons de

lui il est fort clair qu'elle se prête à toute la
gamme des sentiments puisque nous avons pris
soin de mettre en cette idée tout ce qui, connu
de nous, et atteignant à quelque degré de perfection, était digne d'inspirer, sous une forme
quelconque, une mesure quelconque d'amour
« cette idée, dis-je, d'un être souverainement
parfait et infini, est très vraie; car encore que
peut-être on puisse feindre qu'un tel être n'existe
point, on ne peut pas feindre néanmoins que
son idée ne me représente rien de réel, comme
j'ai tantôt dit de l'idée du froid [1]. Elle est aussi
fort claire et fort distincte, puisque tout ce que
mon esprit conçoit clairement et distinctement
de réel et de vrai, et qui contient en soi quelque
perfection, est contenu et renfermé tout entier
dans cette idée. Et ceci ne laisse pas d'être
vrai, encore que je ne comprenne pas l'infini,
et qu'il se rencontre en Dieu une infinité de
choses que je ne puis comprendre ni peut-être

---

1. Descartes, que nous citons ici, venait de dire que la
perception de l'idée du froid, par exemple, comme toutes
les autres perceptions, est très réelle encore que, peut-être,
elle ne soit nullement représentative du phénomène qui la
cause.

aussi atteindre aucunement de la pensée; car il est de la nature de l'infini que moi qui suis fini et borné ne le puisse comprendre et il suffit que j'entende bien cela et que je juge que toutes les choses que je conçois clairement, et dans lesquelles je sais qu'il y a quelque perfection et peut-être aussi une infinité d'autres que j'ignore, sont en Dieu formellement ou éminemment, afin que l'idée que j'en ai soit la plus vraie, la plus claire et la plus distincte, de toutes celles qui sont en mon esprit[1]. » Il n'y a donc pas de nuance de cœur que ne comporte l'amour de Dieu et il nous faut tâcher de les retrouver toutes en Dieu. Ainsi le devons-nous aimer comme un enfant, comme un père, comme une épouse, comme un maître, comme un élève, comme un camarade de jeux et de ris, comme un grave condisciple avec qui on se promène bras dessus bras dessous le long du préau de l'école en philosophant, comme une amourette d'un jour, comme une sœur de

1. Descartes, *Méditations*, Méditation Troisième, pp. 106 et 107, de l'édition Lefèvre et Descartes, *Œuvres choisies*, édition Garnier, p. 102.

charité qui vous tend la main, comme un prêtre qui vous bénit, ou comme la vieille nourrice dont le regard vous suit, tout le long de la vie. Ainsi, en nous élevant jusqu'à Dieu, nous ne quittons aucun amour mais nous rangeons simplement en Dieu nos meilleures amours. Il est simplement le meilleur de tout. La vie compose en nous son image, la vie change et l'image aussi. Il est différent chaque jour et chaque matin au lever il est neuf et frais de la sorte. La nuit déplace nos rêves et nous sommes surpris de le voir, Lui l'immuable, toujours nouveau.

Il est là devant nous; mais est-il là, comme le serait une statue ou un tableau, immobile, muet, en quelque sorte à l'état mort? Ce serait absurde de le penser. N'est-il pas plus que la vie? Il faudra donc prendre la peine de nous persuader qu'il nous avertit et conseille, qu'il nous regarde en quelque façon, qu'il nous sourit en quelque façon, ou bien qu'il rechigne et fait la moue, enfin que des gestes et des attitudes agrémentent, corsent ou nuancent son attention de chaque seconde. Suivant la tournure de l'entretien Dieu y trouvera infiniment plus de plaisir ou bien il en éprouvera infiniment plus de tristesse que nous ne faisons nous-mêmes à cause de notre petitesse tout étriquée comparée à sa grandeur infinie. Quelle force pour nous ce plaisir, cette tristesse de Dieu! Mais il nous les faut sentir et recueillement, solitude, silence, sont, pour cela, nécessaires; si seulement nous monologuons en dedans, nous prenant nous-mêmes à partie, gémissant sur nos peines passées ou caressant avec complaisance nos convoitises, ce ne sera pas là ni la vraie solitude, ni le vrai silence. Il faudra donc intérieurement aussi nous taire et être seuls. Et, pour nous rapprocher de Dieu le plus possible et ainsi nous entretenir avec lui le plus possible, il faudra encore lui ressembler le plus possible. Vouloir, par exemple, agir, c'est, suivant notre petite mesure, créer, à l'image de ce que fait le Dieu créateur; il nous paraît même qu'un homme hardi, violent, prêt à tout, toujours en passe d'entreprendre, et n'ayant de cesse qu'il ne multiplie spéculations et affaires, est, en un sens, plus selon Dieu qu'un avocat, qu'un magistrat ou qu'un évêque.

Hâtons-nous d'ajouter qu'on peut aussi bien ressembler à Dieu dans l'ordre de la charité ou dans celui de la vérité que dans celui de la volonté.

Ainsi, prenant un à un les attributs que nous avons préalablement mis en Dieu, nous tâcherons à les imiter. Mais n'y a-t-il rien autre en Dieu que des attributs? Certes, nous y voyons des « idées ». Comment serait-il au sommet de l'intelligence et même toute l'intelligence sans avoir « des idées »? Il faut donc demeurer convaincu qu'il en a; tel que moi qui écris en ce moment, outre que j'existe, l' « idée » de moi existe en Dieu[1].

Mais qu'est-ce que cela peut bien me faire, l'idée de moi en Dieu? — Ce que cela peut bien me faire? Mais au contraire c'est tout pour moi et il n'y a rien, rien au monde qui doive m'être cher à l'égal de cela, de ce quelque chose que j'ignore et qui est indéfinissable

1. « Or, le chemin que je juge qu'on doit suivre pour parvenir à l'amour de Dieu, est qu'il faut considérer qu'il est un esprit ou une chose qui pense, en quoi la nature de notre âme ayant quelque ressemblance avec la sienne, nous venons à nous persuader qu'elle est une émanation de sa souveraine intelligence. » *Discours de la Méthode* et *Choix de lettres*, édition Firmin Didot, p. 169, lettres à M. Chanut, du 1er février 1647.

et qui pourtant est le plus pur et le plus clair de moi-même. L'idée de moi en Dieu, comme c'est beau! de combien l'idée de l'enfant, au cœur de la mère, n'est-elle pas plus belle que l'enfant lui-même? Que Bébé meure. « Il était trop intelligent pour vivre! » dira la mère. Bébé a grandi, il est mort, vieux peut-être. « Il était beau jusque dans le cercueil! » dira la mère, épanouie de ravissement et oubliant sa douleur. Elle le trouverait beau jusque dans la pourriture. Que voit-elle? Son fils? Non, l'idée de son fils en son cœur. C'est cette idée qui est très belle. Et l'idée de l'œuvre chez l'artiste! Il n'y a certes rien de commun entre cette glaise ou ce marbre et l'idée que, précisément, l'artiste portait en lui-même de son œuvre : à peine un vague trait de ressemblance, un lointain air de famille [1]. « Avoir vu des choses pareilles! » pense et s'écrie l'artiste devant le peu qu'il a réalisé car il est tout ébloui encore de la splendeur de son rêve. Qui crée, si peu que ce soit, voit belle l'idée de ce

1. Réminiscence de Maupassant.

qu'il crée et voir beau c'est aimer. Réciproquement, quiconque aime voudrait recréer l'objet de son amour. Cela étonne au premier abord. Mais réfléchissez un instant. N'avez-vous pas assisté à des brouilles, à des scènes terribles, entre deux amis, ou entre un amoureux et sa maîtresse, ou de père à fils? Et à quoi tenaient ces brouilles et ces scènes? Celui qui aimait ne visait à rien moins qu'à recréer l'objet de son amour suivant l'image, suivant l' « idée » qu'il s'était forgée — on ne sait pourquoi, on ne sait par quelle lubie, par quel hasard — du dit objet. Pauvre objet! Celui qui aime lui impute à crime de ne pas être tel qu'il s'était imaginé qu'il était. Et le pauvre objet n'en peut mais et il s'indigne et il se fâche et chacun souffre de son côté; celui qui aime de ne pas pouvoir créer à nouveau l'objet de son amour, tant il est vrai qu'amour et création sont, par nature, même chose, la création ayant, sans doute, toujours, à ses côtés, l'amour et l'amour gémissant et faisant retentir l'air de ses plaintes de ce qu'il n'a pas, à ses côtés, toujours, la création.

Cette idée de moi en Dieu, par où Dieu m'aime et me crée, est mon coin de Dieu; par elle je suis l'œuvre et Dieu me fait toujours; un trait par ici, un trait par là : voici qu'il efface, voici qu'il retouche. C'est donc qu'il me voit; c'est donc que ce que je suis Lui importe. Ce que je suis Lui importe... mais alors j'ai, mes moindres actes, mes moindres pensées, ont une action sur Lui; le rapport entre moi-même et l' « idée » de moi qui est en Dieu est un rapport d'action réciproque. Petite image qui est plus que moi, sur qui j'agis et qui agit sur moi! Maintenant que je la connais, ou, du moins, que je sais qu'elle existe, je l'aime. Et elle m'est d'autant plus chère qu'elle est éternelle car il ne peut exister un jour rien que Dieu n'ait de tout temps prévu et il ne peut exister un jour rien dont Dieu, de tout temps, ne se souvienne[1].

J'expliquais cela dans un train à un jeune homme — fort intelligent, ma foi! — « Mais alors, dit-il à peu près en ces termes, je réclame l'im-

____

1. Réminiscence d'Edmond Bailly, *La légende de diamant*, chapitre des Triades.

mortalité pour les animaux, pour les arbres. »

Un peu surpris, saisi dès l'abord, car je n'y avait pas pensé, je dus convenir qu'on pouvait encore ajouter les rochers et tout le reste du ménage de notre univers et de tous les univers qui soient et qui puissent être, enfin que c'était l'immortalité vraiment universelle. Hélas! Qui dit trop ne dit rien. Tout étant toujours il semble que l'infini, la perfection, l'harmonie, la vie, viennent s'engloutir dans la confusion, le néant et l'immobilité. Vivre, n'est-ce pas changer? Tout ce qui est en Dieu vit et par conséquent change. — Évidemment. — Tout ce qui est en Dieu est éternel comme lui et par conséquent ne disparaît jamais, ne change pas, c'est-à-dire ne vit pas. — Évidemment. — Le moyen d'accommoder ces contraires et de sortir d'un cercle si parfaitement vicieux[1]? Les choses qui sont en Dieu auraient-elles, par hasard, ce don précieux et unique d'échapper à cette loi de la vie — perdre pour pouvoir

1. « Encore que nous ne puissions rien imaginer de ce qui est en Dieu. » *Discours de la Méthode et Choix de lettres*, édition Firmin Didot, p. 170, lettre à M. Chanut, du 1er février 1647.

gagner —? Pourraient-elles aller de l'avant
sans abandonner du terrain en arrière? Pourraient-elles marcher tout en se tenant immo-
biles?

N'importe! Ma tâche unique me paraît telle;
rendre plus parfaite l'idée de moi en Dieu;
elle est, ce me semble, cette idée, entourée
des idées en Dieu de mes passions; si ces passions sont tenues dans de justes bornes, elles
accroissent ma volonté, qui est ce que reflète
proprement l'idée de moi en Dieu; autrement,
elles l'étouffent; dans le premier cas l'éclat
de l'idée de moi en Dieu devient de plus en
plus brillant, dans le second cas il devient
de plus en plus terne et morne. Le mal moral
n'est mal que par rapport à moi; il est bien par
rapport à mes passions; il est ma défaite, il est
leur victoire; dans cette lutte, les privations et
les souffrances du temps présent me paraissent
petites comparées à l'avenir de l'idée de moi
en Dieu; d'ailleurs je suis, peut-être, comme
soutenu; peut-être mon idée fait-elle partie
d'un système, de la communion en Dieu d'autres idées, idées de parents, d'amis, d'anges, de

saints, de saintes; que ces êtres n'aient pas précisément vécu, ou ne vivent pas, tout de la sorte qu'on veut me représenter, il m'est égal; ce à quoi ma vénération s'adresse c'est à l'être précisément défini par son culte et par sa légende; la feuille gothique de la vigne diffère de la feuille vulgaire que seuls connaissent les botanistes; et cependant qui doute qu'il n'y ait en Dieu une idée de la feuille gothique de la vigne à tout le moins aussi vivante que n'est l'idée de la vulgaire? Héros ou aïeux, dieux et déesses, forces de la nature divinisées, tinrent chez certains peuples la place des anges et des saints et parfois firent éclore de pures fleurs d'adoration dont le parfum monta, peut-être, tout aussi bien, vers Dieu [1].

Retournons-nous maintenant et considérons dans leur ensemble les idées en Dieu, tout ce

[1]. En ce sens pp. 111, 112, 113 de *L'Islamisme et son enseignement ésotérique*, par Edmond Bailly (éditions de la Société Théosophique). — Voir aussi un entretien de Trajan et de Saint Ignace, pp. 219, 230 de la *Vie des Saints* d'Adrien Baillet, tome I, Paris, MDCCX : « Qu'est-ce donc qu'un homme qui porte Dieu? reprit Trajan. — C'est, dit Ignace, celui qui a Jésus-Christ dans le cœur. — Vous croyez donc, reprit Trajan, que nous n'avons pas dans notre âme les Dieux qui nous aident à combattre nos ennemis? »

monde divin [1]; un amour réciproque les relie à Dieu, Dieu à elles : cet amour se nomme le Saint-Esprit. Si Dieu est comme la quintessence de tous les univers, visibles et invisibles, physiques, intellectuels, spirituels, le Saint-Esprit est comme la quintessence de Dieu.

Idées en Dieu, monde divin, pensée, langage, parole intérieure de Dieu se nomment λογος, le Verbe, et le Verbe contient le Christ.

Quel est le Christ?

Quis est Christus?

Nous ne remonterons jamais trop haut et nous ne nous donnerons jamais à nous-mêmes trop d'éclaircissements.

J'avais trois amis charmants; un ami, sa femme et sa mère. Ils habitaient ensemble et s'étaient toujours connus. Qu'une mère ait toujours connu son fils, cela s'entend. Qu'une femme ait toujours connu son mari, cela se peut, si tout enfant, elle le connaissait déjà. J'avais coutume de dire que je n'aimais pas Monsieur, que je n'aimais pas Madame, que

---

1. Cette expression « le monde divin » est empruntée à l'enseignement de M. Edmond Bailly.

j'aimais le ménage. Et de fait qui aurais-je aimé si ce n'est le ménage? « Nous sommes un », disait fièrement la jeune femme et le jeune mari n'en pensait pas moins. C'était aussi le ménage qui m'aimait un peu. Ayant goûté de cette amitié je trouvais les autres amitiés boiteuses : un homme seul c'est si peu de chose; une femme pas davantage; avec l'un, avec l'autre, on n'est compris qu'à moitié; il y a des mouvements du cœur qui ne se confient qu'à la femme, devant son mari; il y a des rythmes de la pensée que l'homme seul perçoit d'un autre homme devant la femme recueillie.

Ce que j'aimais donc plus particulièrement en ce ménage c'était l'être complet : l'homme et la femme.

Mais un beau jour le mari fut fort malade et je vis cette souffrance des deux, physique et morale. Des semaines, la mort attendit à la porte, puis, lassée, s'en alla. Après quelques années Madame fut très malade à son tour et Monsieur se désespéra.

Et le ménage m'était plus cher; ce que

j'aimais cette fois dans le ménage c'était la souffrance de l'ami.

J'étais fier de leurs qualités; de quelques insuffisances, je gémissais. Plus parfaits, je les eusse aimé davantage mais assez de perfections me les rendaient doux à aimer; je m'en tenais là et, réfléchissant, il m'était aisé de savoir, par cet exemple, que j'aimais d'autant plus que l'objet de mon amour était plus complet, plus parfait, plus douloureux et plus ému lui-même d'amour pour moi.

Or donc, qu'il ne soit plus question de moi, mais de Dieu.

A l'égard de Dieu, l'amour du ménage devient de la piété, la douleur reste la douleur, la perfection la perfection. Faisons, comme disent les mathématiciens, croître cette piété, cette douleur, cette perfection, faisons, dépassant les bornes et les possibilités de notre monde visible, du ménage une harmonie transcendante, un être absolument complet, purement un : la femme a cessé d'être femme autrement que par le cœur; l'homme ne se reconnaît plus de même, que par lui. Alors, à l'horizon des images successives, à la limite, comme disent, encore, les mathématiciens, le rôle de la mère et celui de l'épouse, n'ayant plus de raison de se distinguer, se confondent ; la sagesse et l'onction vaporeuse de la très vieille mère se sont muées en la fraîcheur de la jeune épouse. Il reste un homme et une vierge-mère, — ensemble indissoluble[1].

Ainsi se précise la notion du « Fils de l'homme » ou, comme disent toujours les mathématiciens, de l'homme-limite, mieux encore, de l'être-raisonnable-limite ; la femme complète le « Fils de l'homme » ; elle est auprès de lui son auréole et quelque chose de son amour ; astre pâle, elle reflète ce qui vient de Dieu[2]. Et, d'ailleurs, caressant, mobile, limpide et perfide, l'élément féminin n'est-il pas autour de ce roc, l'élément mâle, comme l'onde

1. La Vierge-Mère est nettement envisagée comme complément du « Fils de l'homme » dans *La vraie dévotion à la Sainte Vierge*, traité de Grignion de Montfort, saint Breton qui mourut à quarante-trois ans en 1710 (nouvelle édition, imprimerie S. Pacteau, Luçon).

2. *Les gloires de Marie* par Saint Alphonse de Liguori, tome I, édition Victor Lecoffre, p. 325, Oraison de Saint Bernard.

qui rachète le peu qu'elle est et son inconsistance native par un trait unique, mais qui suffit : elle seule, sur notre terre, sait refléter le ciel?

Ayant auprès de lui la Vierge-Mère, le « Fils de l'homme » est idéalement complet, comme idéalement parfait, douloureux, pieux; il remplit donc les quatre conditions nécessaires et suffisantes pour que Dieu ait à son égard un amour *maximum*; dès lors, comment croire que Dieu créant constamment le « Fils de l'homme », de même qu'il crée constamment toute chose, et l'aimant d'un amour *maximum*, ne s'identifie pas avec lui dans une unité substantielle, c'est-à-dire sous-jacente? Dieu ainsi identifié au « Fils de l'homme » ou, si l'on veut, le « Fils de l'homme » ainsi identifié à Dieu, se nomme le Christ.

Nous voyons, plus généralement, que Dieu tend à ne faire qu'un avec les justes, suivant le degré de leur perfection, de leur douleur[1], de leur piété, et cet aspect de Dieu compatissant

---

1. « Le Seigneur est proche de ceux dont le cœur est affligé. » Psaume XXXIII, verset 18 (Bible de Sacy).

aux justes qui souffrent et ainsi uni à eux, ce personnage si caractéristique, pour notre bonheur le plus grand, du Dieu très haut, cette personne divine, en un mot, se nomme toujours le Christ.

La souffrance infinie de Dieu, en tant que Christ, est œuvre de rédemption, de rachat, d'équilibre, c'est-à-dire opposé, dans la balance, aux souffrances des justes un bien adorable qui est la souffrance de Dieu : cette souffrance est le bien des justes. Le Dieu-Christ s'incline devant les souffrances imposées par le Dieu-Destin car l'harmonie du tout, sa perfection, exigent imperfections et souffrances partielles[1]. Souffrances des justes qui répandent, à l'image de la nuit semée d'étoiles, la paix sur le monde ! L'éblouissant soleil des biens sensibles s'efface, des rayons incomparablement plus délicats deviennent perceptibles, les vérités métaphysiques se révèlent : la nuit tombe, les étoiles se lèvent.

---

1. Descartes, *Méditations*, Méditation quatrième, p. 116 de l'édition Lefèvre et Descartes, *Œuvres choisies*, édition Garnier, p. 111.

*
* *

Le cœur est un organe qui se meut, qui meut, qui est composé de cellules, qui doit avoir une odeur et une saveur propres.

Mais si seulement nous admettons, avec Descartes, que le fluide nerveux naît du sang et est distillé dans le cœur, le spectacle qui se déroule devant nous est alors tout autre : c'est un vaste panorama. Ensemble le fluide nerveux de tous les hommes forme un élément. Et le cœur du « Fils de l'homme » apparaît comme le moteur et le générateur central de cet élément. C'est sur ce cœur que se réfléchit le rayon d'En Haut, c'est par ce cœur, par la nuée nerveuse issue de ce cœur, que ce rayon agit sur nous.

Édifice admirable que cet édifice de la Religion Catholique Romaine que couronne la dévotion au Sacré-Cœur! Édifice intangible!

Est-ce à dire que le Catholicisme Romain soit parfait? Non, il n'échappe pas aux imperfections qui sont la condition même d'existence de toutes les religions indistinctement — ainsi la routine et l'intransigeance — ni, non plus, à telles ou telles imperfections comme il s'en rencontre en chaque religion déterminée et qui sont insé rables de sa nature propre.

La routine d'abord. Quel métier n'a la sienne! Un certain nombre d'attitudes, de gestes, de paroles, de formules, de livres, passent et repassent sans fin, toujours pareils, dans la vie d'un religieux ou d'un prêtre. Spirituellement, intellectuellement, sentimentalement, broyé, il est comme réduit en une pâte molle, pétri, puis façonné en un type défini dont le temps se charge peu à peu de durcir à jamais les contours. Mais de semblables procédés de fabrication ne se retrouvent-ils pas, à quelques degrés et nuances près, dans tous les corps fermés avec, comme conséquence, çà et là, orgueil, vanité, c'est-à-dire goût des distinctions, des cadres, des étiquettes, puis, parfois, quelques écarts d'insolence et quelques petitesses? Ces corps inventent peu, leur initiative est faible : ils conservent. C'est chose absurde, quand on recrute une équipe de gens pour conserver, de leur demander un esprit critique et novateur. N'est-il pas clair que, si les religieux et les prêtres avaient un esprit critique et novateur, l'Église Catholique Romaine, l'un des plus précieux bijoux de l'humanité, tomberait en morceaux? On demande aux murailles de soutenir et d'abriter et non de marcher en avant. Et, si les murailles marchaient, le temps serait venu non pas de se réjouir mais de gémir. Cette routine d'ailleurs des religieux et des prêtres n'est pas dégradante mais ennoblissante; elle est délicieuse et parfumée comme un vieux vin, une antique liqueur. Les mêmes gestes, les mêmes formules, indéfiniment répétés, contiennent à la longue un sens de plus en plus doux, velouté, mûri et subtil.

Le laïque, en religion, a son rôle aussi, rôle de confident, de conseiller indispensable à ses frères et sœurs, les autres laïques. Il connaît mieux leurs maux qu'il partage. Il est plus que le clerc exposé aux tentations. N'ayant rien d'assuré, pas même le gîte et la pitance d'un trappiste, ni le milieu, ni le respect que donne l'habit, il est parfois plus ému de pitié.

Libre en toutes les choses de la vie, il a, parfois, dans la pensée et dans l'action, partant, dans le conseil, plus d'initiative et les vues plus justes[1]; sa psychologie, parfois, est plus fine. Libre, il est encore, entre les confessions religieuses différentes, cet ami commun qui concilie.

En effet s'il est bon que des prêtres, et des religieux de certains ordres soient intransigeants, à la façon des chiens de garde, sans quoi l'intégrité des dogmes et des rites risquerait fort d'être mal défendue, les laïques peuvent aimer toutes les religions, sans en pratiquer plus d'une car on ne sait bien qu'un langage et à la condition de le pratiquer seul.

Or donc, les religions, l'une l'autre, se complètent. Tel trait d'une religion qui, pour une mentalité, est un défaut, est, pour une autre

1. « Il me semblait que je pourrais rencontrer beaucoup plus de vérité dans les raisonnements que chacun fait, touchant les affaires qui lui importent et dont l'événement le doit punir bientôt après s'il a mal jugé, que dans ceux que fait un homme de lettres dans son cabinet, touchant des spéculations qui ne produisent aucun effet. » *Discours de la Méthode*, première partie, p. 8 de l'édition Lefèvre et *Discours de la Méthode et Choix de lettres*, édition Firmin Didot, p. 13.

mentalité, une vertu bienfaisante. Mais alors, au milieu de tant de diversités des religions, de tant de contrastes entre elles, où se trouve la vérité? N'est-elle pas comme perdue dans cet imbroglio? Et quelques-uns de s'écrier : « Il faut dissiper l'erreur, à bas la superstition! Il n'y a qu'une vérité; toutes les religions diffèrent les unes des autres, donc toutes les religions sont fausses. » Cependant, ne faut-il pas, comme nous le disions tout à l'heure, que les religions soient plusieurs et diffèrent les unes des autres et, partant, soient toutes fausses, toutes, ou, mettant les choses au mieux, toutes moins une? A ce compte, la fausseté des religions serait, en quelque façon, imposée par la nature et on doit demeurer d'accord qu'une fausseté imposée de la sorte serait une fausseté bien particulière à laquelle à peine si le mot de fausseté pourrait convenir. Aussi à peine ose-t-on dire que les religions soient toutes fausses, mais toutes sont des adaptations de la vérité... une adaptation, c'est-à-dire un moyen terme, une transaction, c'est-à-dire une résultante entre l'être à instruire qui voit trouble et faux et l'éblouissant soleil de vérité... et l'être à instruire, qui est-il pour une religion? Ce sont des dizaines de milliards, des centaines de milliards d'êtres répartis sur des dizaines de siècles et sur toute la surface du globe et la religion doit trouver une formule fixe et qui, étant fixe, se rapproche le plus possible de l'erreur d'optique moyenne de ces centaines de milliards d'êtres — car il faut que tous soient un. Effroyable problème! Effroyable transaction et transaction nécessaire! Aucun être, remarquons-le, ne peut supporter de voir la vérité, il tomberait ébloui, aveuglé, foudroyé; aucun mot ne peut la contenir : elle est trop simple. Il y a seulement, pour chaque être, une sorte d'erreur qu'il comprend et qui l'amène en un état où il se trouve le moins éloigné qu'il se peut faire de la vérité et qui le rend ainsi participant d'un inestimable bienfait. Cette fin sublime, les religions ne peuvent l'atteindre qu'à la dure mais essentielle condition d'être des compromis permanents entre des milliards d'erreurs réparties sur des dizaines de siècles. Car il faut la perspective du temps, la variété des êtres et leur nombre qui prient ensemble, ceux du passé, ceux du présent, ceux de l'avenir, pour que la prière s'élève, en chœur et en harmonie, c'est-à-dire une, vers la formule unique de l'infinie variété [1].

1. L'identité fondamentale des religions est particulièrement mise en relief par la « Société Théosophique » (siège à Paris); leurs propriétés physiologiques et curatives, sous la forme chrétienne, le sont particulièrement par la secte américaine dénommée *Christian Scientists* (sièges à Paris et en province).

EXTRAITS DE DESCARTES

I

LA PRIÈRE DE DESCARTES

Toutefois, je ne fais aucun doute que nous ne puissions véritablement aimer Dieu par la seule force de notre nature. Je n'assure point que cet amour soit méritoire sans la grâce, je laisse démêler cela aux théologiens ; mais j'ose dire qu'au regard de cette vie, c'est la plus ravissante et la plus utile passion que nous puissions avoir ; et même qu'elle peut être la plus forte, bien qu'on ait besoin pour cela d'une méditation fort attentive, à cause que nous sommes continuellement divertis par la présence des autres objets. Or, le chemin que je juge qu'on doit suivre pour parvenir à l'amour de Dieu, est qu'il faut considérer qu'il est un esprit ou une chose qui pense, en quoi la nature de notre âme ayant quelque ressemblance avec la sienne, nous venons à nous persuader qu'elle est une émanation de sa souveraine intelligence, *et divinæ quasi particula auræ*. Même, à cause que notre connaissance semble se pouvoir accroître par degrés jusqu'à l'infini, et que celle de Dieu étant infinie, elle est au but où vise la nôtre ; si nous ne considérons rien davantage, nous pouvons venir à l'extravagance de souhaiter d'être dieux, et ainsi, par une très grande erreur, aimer seulement la divinité au lieu d'aimer Dieu. Mais si, avec cela, nous prenons garde à l'infinité de sa puissance par laquelle il a créé tant de choses dont nous ne sommes que la moindre partie ; à l'étendue de sa providence, qui fait qu'il voit d'une seule pensée tout ce qui a été, qui est, qui sera et qui saurait être; à l'infaillibilité de ses décrets, qui, bien qu'ils ne troublent point notre libre arbitre, ne peuvent néanmoins en aucune façon être changés; et enfin, d'un côté à notre petitesse, et de l'autre, à la grandeur de toutes les choses créées, en remarquant de quelle sorte elles dépendent de Dieu, et en les considérant d'une façon qui ait du rapport à sa toute-puissance, sans les enfermer en une boule, comme font ceux qui veulent que le monde soit fini : la méditation de toutes ces choses remplit un homme qui les entend bien d'une joie si extrême, que tant s'en faut qu'il soit injurieux et ingrat envers Dieu jusqu'à souhaiter de tenir sa place, il pense déjà avoir assez vécu de ce que Dieu lui a fait la grâce de parvenir à de telles connaissances; et, se joignant entiè-

rement à lui de volonté, il l'aime si parfaitement qu'il ne désire plus rien au monde,
sinon que la volonté de Dieu soit faite; ce
qui est cause qu'il ne craint plus ni la
mort, ni les douleurs, ni les disgrâces,
pour ce qu'il sait que rien ne lui peut
arriver que ce que Dieu aura décrété; et il
aime tellement ce divin décret, il l'estime
si juste et si nécessaire, il sait qu'il en doit
si entièrement dépendre, que même lorsqu'il en attend la mort, ou quelque autre
mal, si par impossible il pouvait le changer,
il n'en aurait pas la volonté. Mais s'il ne
refuse point les maux ou les afflictions
pour ce qu'elles lui viennent de la providence divine, il refuse encore moins tous
les biens et plaisirs licites dont il peut jouir
en cette vie, pour ce qu'ils en viennent
aussi; et les recevant avec joie, sans avoir
aucune crainte des maux, son amour le
rend parfaitement heureux. Il est vrai qu'il

faut que l'âme se détache fort du commerce des sens pour se représenter les vérités qui excitent en elle cet amour; d'où vient qu'il ne semble pas qu'elle puisse la communiquer à la faculté imaginative pour en faire une passion. Mais néanmoins je ne doute point qu'elle ne lui communique; car encore que nous ne puissions rien imaginer de ce qui est en Dieu, lequel est l'objet de notre amour, nous pouvons imaginer notre amour même, qui consiste en ce que nous voulons nous unir à quelque objet, c'est-à-dire au regard de Dieu, nous considérer comme une très petite partie de toute l'immensité de choses qu'il a créées, pour ce que, selon que les objets sont divers, on se peut unir avec eux, ou les joindre à soi en diverses façons, et la seule idée de cette union suffit pour exciter de la chaleur autour du cœur, et causer une très violente passion. Il est vrai aussi que l'usage de

notre langue, et la civilité des compliments
ne permet pas que nous disions à ceux qui
sont d'une condition fort relevée au-dessus
de la nôtre, que nous les aimons; mais
seulement que nous les respectons, hono-
rons et estimons, et que nous avons du
zèle et de la dévotion pour leur service;
dont il me semble que la raison est que
l'amitié d'homme à homme rend égaux en
quelque façon ceux en qui elle est réciproque; et ainsi que pendant que l'on tâche
à se faire aimer de quelque grand, si on
lui disait qu'on l'aime, il pourrait penser
qu'on le traite d'égal, et qu'on lui fait tort.
Mais pour ce que les philosophes n'ont pas
coutume de donner divers noms aux choses
qui conviennent en une même définition, et
que je ne sais point d'autre définition de
l'amour, sinon qu'elle est une passion qui
nous fait joindre de volonté à quelque objet,
sans distinguer si cet objet est égal, ou

plus grand, ou moindre que nous, il me semble que pour parler leur langue, je dois dire qu'on peut aimer Dieu.

Et tant s'en faut que l'amour que nous avons pour les objets qui sont au-dessus de nous soit moindre que celle que nous avons pour les autres ; je crois que de sa nature elle est plus parfaite, et qu'elle fait qu'on embrasse avec plus d'ardeur les intérêts de ce qu'on aime. Car la nature de l'amour est de faire qu'on se considère avec l'objet aimé comme un tout dont on n'est qu'une partie, et qu'on transfère tellement les soins qu'on a coutume d'avoir pour soi-même à la conservation de ce tout, qu'on n'en retienne pour soi en particulier qu'une partie aussi grande ou aussi petite qu'on croit être une grande ou petite partie du tout, auquel on a donné son affection : en sorte que si on est joint de volonté avec un objet qu'on estime moindre que soi, par exemple, si nous aimons une fleur, un oiseau, un bâtiment, ou chose semblable, la plus haute perfection où cette amour puisse atteindre, selon son vrai usage, ne peut faire que nous mettions notre vie en aucun hasard pour la conservation de ces choses, pour ce qu'elles ne sont pas des parties plus nobles du tout qu'elles composent avec nous, que nos ongles et nos cheveux sont de notre corps; et ce serait une extravagance de mettre tout le corps au hasard pour la conservation des cheveux; mais quand deux hommes s'entr'aiment, la charité veut que chacun d'eux estime son ami plus que soi-même, c'est pourquoi leur amitié n'est point parfaite, s'ils ne sont prêts de dire en faveur l'un de l'autre : *Me, me, adsum qui feci, in me convertite ferrum,* etc. Tout de même, quand un particulier se joint de volonté à

son prince ou à son pays, si son amour est parfaite, il ne se doit estimer que comme une fort petite partie du tout qu'il compose avec eux, et ainsi ne craindre pas plus d'aller à une mort assurée pour leur service, qu'on craint de tirer un peu de sang de son bras, pour faire que le reste du corps se porte mieux. Et on voit tous les jours des exemples de cette amour, même en des personnes de basse condition, qui donnent leur vie de bon cœur pour le bien de leur pays, ou pour la défense d'un grand qu'ils affectionnent. En suite de quoi il est évident que notre amour envers Dieu doit être sans comparaison la plus grande et la plus parfaite de toutes.

Je n'ai pas peur que ces pensées métaphysiques donnent trop de peine à votre esprit; car je sais qu'il est très capable de tout; mais j'avoue qu'elles lassent le mien, et que la présence des objets sensibles ne permet pas que je m'y arrête longtemps[1].

Mais auparavant que j'examine cela plus soigneusement, et que je passe à la considédération des autres vérités que l'on en peut recueillir, il me semble très à propos de m'arrêter quelque temps à la contemplation de ce Dieu tout parfait, de peser tout à loisir ses merveilleux attributs, de considérer, d'admirer et d'adorer l'incomparable beauté de cette immense lumière au moins autant que la force de mon esprit, qui en demeure en quelque sorte ébloui, me le pourra permettre. Car comme la foi nous apprend que la souveraine félicité de l'autre vie ne consiste que dans cette contemplation de la majesté divine, ainsi expérimentons-nous dès maintenant qu'une

1. *Discours de la Méthode* et *Choix de lettres*, édition Firmin Didot, pp. 169, 170, 171, 172, lettre à M. Chanut, du 1er février 1647.

semblable méditation, quoique incomparablement moins parfaite, nous fait jouir du
plus grand contentement que nous soyons
capables de ressentir en cette vie[1].

Argument. — « Il vient d'être question de l'âme et
« il en est si fort question dans ce qui suit qu'il nous
« faut dire quelles vues Descartes entretient à son
« sujet. L'âme est dans l'organisme humain comme
« en visite; cet organisme est-il monté, fonctionne-
« t-il, elle vient; se détraque-t-il, elle s'en va[2];
« Descartes s'exprime ainsi sur ce départ « les
« prémisses desquelles on peut conclure l'immorta-
« lité de l'âme dépendent de l'explication de toute la
« physique : premièrement, pour savoir que géné-
« ralement toutes les substances, c'est-à-dire toutes
« les choses qui ne peuvent exister sans être créées
« de Dieu, sont de leur nature incorruptibles, et
« qu'elles ne peuvent jamais cesser d'être si Dieu
« même, en leur déniant son concours, ne les réduit
« au néant, et ensuite pour remarquer que le corps
« pris en général est une substance, c'est pourquoi
« aussi il ne périt point; mais que le corps humain,
« en tant qu'il diffère des autres corps, n'est com-
« posé que d'une certaine configuration de mem-
« bres et d'autres semblables accidents là où l'âme
« humaine n'est point ainsi composée d'aucuns acci-

---

1. *Méditations*, méditation troisième, p. 113 de l'édition
Lefèvre et *Œuvres choisies*, édition Garnier, p. 108.
2. *Les Passions de l'âme*, première partie, articles v et vi.

« dents, mais est une pure substance. Car encore
« que tous ses accidents se changent, par exemple
« encore qu'elle conçoive de certaines choses,
« qu'elle en veuille d'autres et qu'elle en sente
« d'autres, etc., l'âme pourtant ne devient point
« autre, au lieu que le corps humain devient une
« autre chose, de cela seul que la figure de quelques-
« unes de ses parties se trouve changée; d'où il
« s'ensuit que le corps humain peut bien facilement
« périr, mais que l'esprit ou l'âme de l'homme (ce
« que je ne distingue point) est immortelle de sa
« nature [1]. » Immortalité telle quelle dont la con-
« naissance ne nous avance pas à grand'chose; en
« effet « pour ce qui est de l'état de l'âme après cette
« vie..., laissant à part ce que la foi nous en en-
« seigne, je confesse que, par la seule raison natu-
« relle, nous pouvons bien faire beaucoup de con-
« jectures à notre avantage, et avoir de belles espé-
« rances, mais non point aucune assurance. Et
« pour ce que la raison naturelle nous apprend
« aussi que nous avons toujours plus de biens que
« de maux en cette vie, et que nous ne devons point
« laisser le certain pour l'incertain, elle me semble
« nous enseigner que nous ne devons pas vérita-
« blement craindre la mort, mais que nous ne
« devons aussi jamais la rechercher [2]. » Nous pour-
« rions dire, substituant le mot fluide à l'expres-

1. « Abrégé des six méditations suivantes, placé par Des-
cartes en tête des *Méditations*, pp. 74 et 75 de l'édition
Lefèvre et, en tout petits caractères malheureusement,
Œuvres choisies, édition Garnier, p. 71.

2. *Discours de la Méthode* et *Choix de lettres*, édition Firmin Didot p. 115, lettre à Madame Elisabeth, de février 1640.

« sion « substance pure », que l'organisme humain
« se charge de fluide spirituel, dans l'état de vie,
« se décharge à la mort. Ce fluide ne fait pas
« plus marcher l'organisme que l'électricité ne
« fait marcher le dynamo; il ne contribue pas
« davantage à son arrêt. L'éternité de la substance
« pure, — du fluide, disons-nous, — semble indi-
« quer que la parcelle appelée à devenir un jour
« notre âme existait de tout temps; elle survit à
« notre organisme. Est-ce bien survivre ? Descartes
« nous dit, il est vrai, que, contrairement à ce qui
« a lieu pour les corps, quand la configuration de
« l'âme devient autre, soit qu'elle conçoive, soit
« qu'elle veuille, soit qu'elle sente d'autres choses,
« l'âme néanmoins ne devient pas autre. Vue
« d'une extrême profondeur, ou simple illusion!
« Le fluide, un instant nôtre, a-t-il été, sera-t-il plus
« distinct dans le réservoir d'où il provient et où il
« retourne que n'est la goutte d'eau dans la mer?
« Portera-t-il la trace, quelque trace, de son pas-
« sage dans notre organisme? Une fois envolée,
« l'électricité garde-t-elle comme une empreinte des
« faits et gestes du dynamo? »

***

II.

LA TOUTE-PUISSANCE DE DIEU
ET LE LIBRE ARBITRE

Toutes les raisons qui prouvent l'existence de Dieu, et qu'il est la cause première et immuable de tous les effets qui ne dépendent point du libre arbitre des hommes, prouvent, ce me semble, en même façon, qu'il est aussi la cause de toutes les actions qui en dépendent. Car on ne saurait démontrer qu'il existe qu'en le considérant comme un être souverainement parfait; et il ne serait pas souverainement parfait, s'il pouvait arriver quelque chose dans le monde qui ne vînt pas entièrement de lui. . . .

. . . . La seule

philosophie suffit pour connaître qu'il ne saurait entrer la moindre pensée en l'esprit d'un homme, que Dieu ne veuille et n'ait voulu de toute éternité qu'elle y entrât. Et la distinction de l'école entre les causes universelles et particulières n'a point ici de lieu; car ce qui fait que le soleil, par exemple, étant la cause universelle de toutes les fleurs, n'est pas cause pour cela que les tulipes diffèrent des roses, c'est que leur production dépend aussi de quelques autres causes particulières qui ne lui sont point subordonnées; mais Dieu est tellement la cause universelle de tout, qu'il en est en même façon la cause totale, et ainsi rien ne peut arriver sans sa volonté. . .

. . . . D'autant que nous estimons les œuvres de Dieu être plus grandes, d'autant mieux remarquons-nous l'infinité de sa puissance; et d'autant que cette infinité nous est mieux connue, d'autant sommes-nous plus assurés qu'elle s'étend jusques à toutes les plus particulières actions des hommes. Je ne crois pas aussi que par cette providence particulière de Dieu, que Votre Altesse dit être le fondement de la théologie, vous entendiez quelque changement qui arrive en ses décrets à l'occasion des actions qui dépendent de notre libre arbitre : car la théologie n'admet point ce changement. Et lorsqu'elle nous oblige à prier Dieu, ce n'est pas afin que nous lui enseignions de quoi c'est que nous avons besoin, ni afin que nous tâchions d'impétrer de lui qu'il change quelque chose en l'ordre établi de toute éternité par sa providence, l'un et l'autre serait blâmable, mais c'est seulement afin que nous obtenions ce qu'il a voulu de toute éternité être obtenu par nos prières. Et je crois que tous les théologiens sont d'accord en ceci, même ceux qu'on nomme ici Arméniens, qui semblent être ceux qui défèrent le plus au libre arbitre [1].

Pour ce qui est du libre arbitre, je confesse qu'en ne pensant qu'à nous-mêmes, nous ne pouvons né le pas estimer indépendant; mais lorsque nous pensons à la puissance infinie de Dieu, nous ne pouvons ne pas croire que toutes choses dépendent de lui, et par conséquent que notre libre arbitre n'en est pas exempt. Car il implique contradiction de dire que Dieu ait créé les hommes de telle nature, que les actions de leur volonté ne dépendent point de la sienne; pour ce que c'est le même que si on disait que sa puissance est tout ensemble finie et infinie : finie, puisqu'il y a quelque chose qui n'en dépend point; et infinie, puisqu'il a pu créer cette chose indépendante. Mais

1. *Discours de la Méthode* et *Choix de lettres*, édition Firmin Didot, pp. 109, 110, 111, lettre à Madame Elisabeth, de septembre 1645.

comme la connaissance de l'existence de Dieu ne nous doit pas empêcher d'être assurés de notre libre arbitre, pour ce que nous l'expérimentons et le sentons en nous-mêmes, ainsi celle de notre libre arbitre ne nous doit point faire douter de l'existence de Dieu. Car l'indépendance que nous expérimentons et sentons en nous, et qui suffit pour rendre nos actions louables ou blâmables, n'est pas incompatible avec une dépendance qui est d'autre nature, selon laquelle toutes choses sont sujettes à Dieu [1].

Je passe à la difficulté que Votre Altesse propose touchant le libre arbitre, duquel je tâcherai d'expliquer la dépendance et la liberté par une comparaison. Si un roi qui a défendu les duels, et qui sait très assurément que deux gentilshommes de son

1. *Discours de la Méthode* et *Choix de lettres*, édition Firmin Didot, p. 113, lettre à Madame Élisabeth, de février 1646.

royaume, demeurant en diverses villes sont en querelle, et tellement animés l'un contre l'autre que rien ne les saurait empêcher de se battre s'ils se rencontrent; si, dis-je, ce roi donne à l'un deux quelque commission pour aller à certain jour vers la ville où est l'autre, et qu'il donne aussi commission à cet autre pour aller au même jour vers le lieu où est le premier, il sait bien assurément qu'ils ne manqueront pas de se rencontrer et de se battre, et ainsi de contrevenir à sa défense, mais il ne les y contraint point pour cela; et sa connaissance et même la volonté qu'il a eue de les y déterminer en cette façon, n'empêche pas que ce ne soit aussi volontairement et aussi librement qu'ils se battent, lorsqu'ils viennent à se rencontrer, comme ils auraient fait s'ils n'en avaient rien su, et que ce fût par quelque autre occasion qu'ils se fussent rencontrés, et ils peuvent aussi justement

être punis, pour ce qu'ils ont contrevenu à
sa défense. Or ce qu'un roi peut faire en
cela touchant quelques actions libres de
ses sujets, Dieu, qui a une prescience et
une puissance infinie, le fait infailliblement
touchant toutes celles des hommes : et
avant qu'il nous ait envoyés en ce monde,
il a su exactement quelles seraient toutes
les inclinations de notre volonté : c'est lui-
même qui les a mises en nous; c'est lui
aussi qui a disposé toutes les autres choses
qui sont hors de nous, pour faire que tels et
tels objets se présentassent à nos sens à tel et
tel temps, à l'occasion desquels il a su que
notre libre arbitre nous déterminerait à telle
ou telle chose, et il l'a ainsi voulu, mais il
n'a pas voulu pour cela l'y contraindre. Et
comme on peut distinguer en ce roi deux
différents degrés de volonté, l'un par lequel
il a voulu que ces gentilshommes se battis-
sent, puisqu'il a fait qu'ils se rencontrassent,

et l'autre par lequel il ne l'a pas voulu, puisqu'il a défendu les duels; ainsi les théologiens distinguent en Dieu une volonté absolue et indépendante, par laquelle il veut que toutes choses se fassent ainsi qu'elles se font, et une autre qui est relative, et qui se rapporte au mérite ou démérite des hommes, par laquelle il veut qu'on obéisse à ses lois[1].

*
* *

III

PRÉCEPTES POUR LA VOLONTÉ

A cause que je ne voyais au monde aucune chose qui demeurât toujours en même état, et que, pour mon particulier, je me promettais de perfectionner de plus en

1. *Discours de la Méthode* et *Choix de lettres*, édition Firmin Didot, pp. 115 et 116, lettre à Madame Elisabeth, de mars 1646.

plus mes jugements et non point de les rendre pires, j'eusse pensé commettre une grande faute contre le bon sens si, pour ce que j'approuvais alors quelque chose, je me fusse obligé de la prendre pour bonne encore après, lorsqu'elle aurait peut-être cessé de l'être, ou que j'aurais cessé de l'estimer telle.

Ma seconde maxime était d'être le plus ferme et le plus résolu en mes actions que je pourrais, et de ne suivre pas moins constamment les opinions, les plus douteuses, lorsque je m'y serais une fois déterminé, que si elles eussent été très assurées : imitant en ceci les voyageurs qui, se trouvant égarés en quelque forêt, ne doivent pas errer en tournoyant tantôt d'un côté tantôt d'un autre, ni encore moins s'arrêter en une place, mais marcher toujours le plus droit qu'ils peuvent vers un même côté, et ne le changer point pour de faibles raisons, encore que ce n'ait peut-être été au commencement que le hasard seul qui les ait déterminés à le choisir; car, par ce moyen, s'ils ne vont justement où ils désirent, ils arriveront au moins à la fin quelque part où vraisemblablement ils seront mieux que dans le milieu d'une forêt. Et ainsi les actions de la vie ne souffrant souvent aucun délai, c'est une vérité très certaine que, lorsqu'il n'est pas en notre pouvoir de discerner les plus vraies opinions, nous devons suivre les plus probables; et même qu'encore que nous ne remarquions point davantage de probabilité aux unes qu'aux autres, nous devons néanmoins nous déterminer à quelques-unes, et les considérer après, non plus comme douteuses en tant qu'elles se rapportent à la pratique, mais comme très vraies et très certaines, à cause que la raison qui nous y a fait déterminer se trouve telle. Et ceci fut capable

dès lors de me délivrer de tous les repentirs et les remords qui ont coutume d'agiter
les consciences de ces esprits faibles et
chancelants qui se laissent aller incon-
stamment à pratiquer comme bonnes les
choses qu'ils jugent après être mauvaises[1].

***

IV

PRINCIPALES RÈGLES DE LOGIQUE

Comme la multitude des lois fournit
souvent des excuses aux vices, en sorte
qu'un État est bien mieux réglé lorsque,
n'en ayant que fort peu, elles y sont fort
étroitement observées, ainsi, au lieu de ce
grand nombre de préceptes dont la logique
est composée, je crus que j'aurais assez

1. *Discours de la Méthode*, troisième partie, pp. 19 et 20
de l'édition Lefèvre et *Discours de la Méthode et Choix de
lettres*, édition Firmin Didot, pp. 26, 27.

des quatre suivants pourvu que je prisse une ferme et constante résolution de ne manquer pas une seule fois à les observer.

Le premier était de ne recevoir jamais aucune chose pour vraie que je ne la connusse évidemment être telle, c'est-à-dire d'éviter soigneusement la précipitation et la prévention, et de ne comprendre rien de plus en mes jugements que ce qui se présenterait si clairement et distinctement à mon esprit que je n'eusse aucune occasion de le mettre en doute;

Le second, de diviser chacune des difficultés que j'examinerais en autant de parcelles qu'il se pourrait, et qu'il serait requis pour les mieux résoudre;

Le troisième, de conduire par ordre mes pensées, en commençant par les objets les plus simples et les plus aisés à connaître, pour monter peu à peu comme par degrés jusques à la connaissance des plus composés, et supposant même de l'ordre entre ceux qui ne se précèdent point naturellement les uns les autres ;

Et le dernier, de faire partout des dénombrements si entiers et des revues si générales, que je fusse assuré de ne rien omettre[1].

Argument. — « « N'avoir que des idées nettes et « assurées » fait qu'on a peu d'idées et que ces « idées ont souvent trait à la pratique de la vie : « ainsi, pour trois raisons, la clarté des idées, leur « petit nombre qui les enfonce dans l'esprit, enfin « leur objet, on est naturellement porté à agir.

« La première des règles de logique ci-dessus se « rapporte donc, déjà, à la volonté, la troisième s'y « rapporte de même : en effet toute la volonté ne « réside que dans une subordination constante et « impitoyable de ce qui est secondaire à ce qui, « dans l'instant, est principal.

« L'excès des passions s'oppose tant à la recherche « de la vérité par la logique qu'à sa simple vue par « l'inspiration mentionnée en l'extrait V, et, une « fois la vérité reconnue, l'excès des passions « s'oppose à sa mise en œuvre par la volonté.

« Afin de borner l'excès des passions on peut

---

1. *Discours de la Méthode*, deuxième partie, pp. 14 et 15 de l'édition Lefèvre et *Discours de la Méthode et Choix de lettres* édition Firmin Didot, p. 21.

« avoir recours à la discipline et à l'habitude
« comme on voit pratiquer pour le dressage des
« chiens couchants (extrait VI où il est question
« d'une glande dans le cerveau, point de raccorde-
« ment entre l'âme immatérielle et le fluide nerveux
« appelé ici « esprits »). Par exemple si on associe
« à l'idée d'une personne gracieuse l'idée de per-
« fidie on peut en arriver à se dégoûter de l'idée
« d'une personne gracieuse, puis d'une personne
« gracieuse déterminée, puis de plusieurs autres
« personnes gracieuses. Par exemple encore, si
« maintenant on associe l'idée d'une personne
« infâme qu'on déteste avec celle de la tranquillité
« séraphique d'un monastère ou des ébats d'une
« ville d'eau suivant qu'on préfère se retirer en l'un
« ou l'autre lieu, peu à peu, l'instant où notre
« pensée s'arrêtera sur l'idée de la personne infâme
« deviendra si court que nous n'aurons plus même
« le temps de la détester ; la haine, malsaine pour
« nous, disparaîtra ; l'éloignement par contre, utile
« puisque la personne primitivement détestée est
« infâme par définition, subsistera.
« Le second moyen de maîtriser ses passions
« consiste en l'exercice d'une vertu qui renferme
« toutes les autres et que Descartes appelle la géné-
« rosité (extrait VII) ; le troisième moyen (extrait VIII)
« est d'user de cette considération que nous sommes
« bien plus nous-mêmes par la vie intérieure, c'est-
« à-dire quand nous nous regardons vivre d'un
« niveau supérieur au niveau troublé des passions
« que quand nous nous laissons déchoir à ce
« niveau. Il ne s'agit point d'ailleurs de supprimer
« les passions dont l'existence est le caractère et la

« raison d'être de notre vie physique mais seule-
« ment de les dominer (extrait IX).
« Une condition nécessaire de tout acte d'intelli-
« gence ou de volonté est le repos (extrait X) ; ainsi,
« sans repos, on ne discerne pas en général le péché
« et si, par hasard, on le discerne, on y succombe.
« Descartes dormait longuement. « Il buvait peu
« de vin et était quelquefois des mois entiers sans
« en boire du tout.... Il estimait qu'il était bon de
« donner une occupation continuelle à l'estomac et
« aux autres viscères comme on fait aux meules,
« mais que ce devait être avec des choses qui don-
« nassent peu de nourriture, comme les racines et
« les fruits, qu'il croyait plus propres à prolonger
« la vie de l'homme que la chair des animaux[1]. »
« Le régime végétarien complété par l'absence
« de vin et de tabac[2] et sans doute aussi de thé, de
« café, de cacao, produit deux effets. Il facilite le
« long sommeil, le repos ou, comme dit si joliment
« Descartes, « la relâche des sens », il prévient,
« ainsi, le trouble, résultant de la fatigue, tant
« dans la composition du fluide nerveux, émana-
« tion du sang, que dans les mouvements du cœur
« actionné par ce fluide. Il prévient le trouble ana-
« logue résultant de la présence dans le sang des
« vapeurs d'alcool, des essences d'alcaloïdes et de
« nicotine, enfin de certains sucs des aliments
« carnés. Autrement dit la sorte d'ébriété ou d'in-
« toxication résultant de la fatigue ou du caractère

1. *Abrégé de la Vie de Descartes*, par Adrien Baillet, livre VIII.
2. Contre les excès de vin et de tabac, *Discours de la
Méthode et Choix de lettres*, édition Firmin Didot, p. 105,
lettre à Madame Élisabeth, de septembre 1645.

« des aliments et boissons, ou de la mise en circu-
« lation dans l'organisme de sécrétions sexuelles
« par la volupté, en rendant les idées beaucoup
« plus éclatantes et leur succession beaucoup plus
« rapide, paralyse l'œuvre de discernement et de
« contrôle de l'entendement : le principe de la
« diète, aussi appelée jeûne, est de réduire au
« minimum l'ébriété, et, par suite, de porter au
« maximum la faculté de discernement et de con-
« trôle de l'entendement. »

V

A DÉFAUT DE LOGIQUE, IL CONVIENT DE SUIVRE SES INCLINATIONS INTÉRIEURES

Lorsque l'esprit est plein de joie, cela sert beaucoup à faire que le corps se porte mieux, et que les objets présents paraissent plus agréables ; et même aussi j'ose croire que la joie intérieure a quelque secrète force pour se rendre la fortune plus favorable. Je ne voudrais pas écrire ceci à des personnes qui

auraient l'esprit faible, de peur de les
induire à quelque superstition ; mais au
regard de Votre Altesse, j'ai seulement peur
qu'elle se moque de me voir devenir trop
crédule : toutefois, j'ai une infinité d'expériences, et avec cela l'autorité de Socrate, pour
confirmer mon opinion. Les expériences sont
que j'ai souvent remarqué que les choses que
j'ai faites avec un cœur gai et sans aucune
répugnance intérieure, ont coutume de me
succéder heureusement, jusque-là même que
dans les jeux de hasard, où il n'y a que la
fortune seule qui règne, je l'ai toujours
éprouvée plus favorable, ayant d'ailleurs des
sujets de joie, que lorsque j'en avais de tristesse. Et ce qu'on nomme communément le
génie de Socrate, n'a sans doute été autre
chose, sinon qu'il avait accoutumé de suivre
ses inclinations intérieures, et pensait que
l'événement de ce qu'il entreprenait serait
heureux lorsqu'il avait quelque secret senti-

ment de gaieté, et au contraire qu'il serait malheureux lorsqu'il était triste. Il est vrai pourtant que ce serait être superstitieux de croire autant à cela qu'on dit qu'il faisait; car Platon rapporte de lui que même il demeurait dans le logis, toutes les fois que son génie ne lui conseillait point d'en sortir. Mais touchant les actions importantes de la vie, lorsqu'elles se rencontrent si douteuses que la prudence ne peut enseigner ce qu'on doit faire, il me semble qu'on a grande raison de suivre le conseil de son génie, et qu'il est utile d'avoir une forte persuasion que les choses que nous entreprenons sans répugnance, et avec la liberté qui accompagne d'ordinaire la joie, ne manqueront pas de nous bien réussir[1].

1. *Discours de la Méthode* et *Choix de lettres*, édition Firmin Didot, pp. 129, 130, lettre à Madame Élisabeth, du 20 octobre 1646.

* *
*

VI

DE LA DISCIPLINE QUI SE PEUT INTRODUIRE DANS LES MOUVEMENTS DU CERVEAU ET DANS LES PASSIONS QUI EN RELÈVENT.

Et il est utile ici de savoir que, comme il a déjà été dit ci-dessus, encore que chaque mouvement de la glande semble avoir été joint par la nature à chacune de nos pensées dès le commencement de notre vie, on les peut toutefois joindre à d'autres par habitude, ainsi que l'expérience fait voir aux paroles qui excitent des mouvements en la glande, lesquels, selon l'institution de la nature, ne représentent à l'âme que leur son lorsqu'elles sont proférées de la voix, ou la figure de leurs lettres lorsqu'elles sont écrites, et qui, néanmoins, par l'habitude qu'on a acquise en pensant à ce qu'elles signifient lorsqu'on a ouï leur son ou bien qu'on a vu leurs lettres, ont coutume de faire concevoir cette signification plutôt que la figure de leurs lettres ou bien le son de leurs syllabes. Il est utile aussi de savoir qu'encore que les mouvements, tant de la glande que des esprits du cerveau, qui représentent à l'âme certains objets, soient naturellement joints avec ceux qui excitent en elle certaines passions, ils peuvent toutefois par habitude en être séparés et joints à d'autres fort différents, et même que cette habitude peut être acquise par une seule action et ne requiert point un long usage. Ainsi, lorsqu'on rencontre inopinément quelque chose de fort sale en une viande qu'on mange avec appétit, la surprise de cette rencontre peut tellement changer la disposition du cerveau qu'on ne pourra plus voir par après de telle viande qu'avec horreur, au lieu qu'on la mangeoit auparavant avec plaisir. Et on peut remarquer la même chose dans les bêtes; car encore qu'elles n'aient point de raison, ni peut-être aussi aucune pensée, tous les mouvements des esprits et de la glande, qui excitent en nous les passions, ne laissent pas d'être en elles et d'y servir à entretenir et fortifier, et non pas comme en nous les passions, mais les mouvements des nerfs et des muscles, qui ont coutume de les accompagner. Ainsi lorsqu'un chien voit une perdrix, il est naturellement porté à courir vers elle, et lorsqu'il oit tirer un fusil, ce bruit l'incite naturellement à s'enfuir; mais néanmoins on dresse ordinairement les chiens couchants en telle sorte que la vue d'une perdrix fait qu'il s'arrêtent, et que le bruit qu'ils oient après, lorsqu'on tire sur elle, fait qu'ils y accourent. Or, ces choses sont utiles à savoir pour donner le courage à un chacun d'étudier à regarder ses passions; car puisqu'on

peut, avec un peu d'industrie, changer les mouvements du cerveau dans les animaux dépourvus de raison, il est évident qu'on le peut encore mieux dans les hommes, et que ceux même qui ont les plus foibles âmes pourraient acquérir un empire très absolu sur toutes leurs passions si on employait assez d'industrie à les dresser et à les conduire[1].

* * *

VII

LA GÉNÉROSITÉ REMÈDE CONTRE TOUS LES DÉRÈGLEMENTS DES PASSIONS

Pour quelles causes on peut s'estimer.

Et pour ce que l'une des principales parties de la sagesse est de savoir en quelle façon et pour quelle cause chacun se doit estimer ou mépriser, je tâcherai ici d'en dire mon opinion. Je ne remarque en nous

1. Descartes, *Les Passions de l'âme*, première partie, art. L.

qu'une seule chose qui nous puisse donner juste raison de nous estimer, à savoir l'usage de notre libre arbitre et l'empire que nous avons sur nos volontés; car il n'y a que les seules actions qui dépendent de ce libre arbitre pour lesquelles nous puissions avec raison être loués ou blâmés; et il nous rend en quelque façon semblables à Dieu, en nous faisant maîtres de nous-mêmes, pourvu que nous ne perdions point par lâcheté les droits qu'il nous donne.

En quoi consiste la générosité.

Ainsi je crois que la vraie générosité qui fait qu'un homme s'estime au plus haut point qu'il se peut légitimement estimer consiste seulement, partie en ce qu'il connaît qu'il n'y a rien qui véritablement lui appartienne que cette libre disposition de ses volontés ni pourquoi il doive être loué ou blâmé, sinon pour ce qu'il en use bien ou

mal; et partie en ce qu'il sent en soi-même
une ferme et constante résolution d'en bien
user, c'est-à-dire de ne manquer jamais de
volonté pour entreprendre et exécuter toutes
les choses qu'il jugera être les meilleures;
ce qui est suivre parfaitement la vertu.

Qu'elle empêche qu'on ne méprise les autres.

Ceux qui ont cette connaissance et senti-
ment d'eux-mêmes se persuadent facilement
que chacun des autres hommes les peut aussi
avoir de soi, pour ce qu'il n'y a rien en cela
qui dépende d'autrui. C'est pourquoi ils ne
méprisent jamais personne; et, bien qu'ils
voient souvent que les autres commettent
des fautes qui font paroître leur faiblesse,
ils sont toutefois plus enclins à les excuser
qu'à les blâmer, et à croire que c'est plutôt
par manque de connaissance que par manque
de bonne volonté qu'ils les commettent; et,
comme ils ne pensent point être de beau-

coup inférieurs à ceux qui ont plus de bien ou d'honneurs, ou même qui ont plus d'esprit, plus de savoir, plus de beauté, ou généralement qui les surpassent en quelques autres perfections, aussi ne s'estiment-ils point beaucoup au-dessus de ceux qu'ils surpassent, à cause que toutes ces choses leur semblent être fort peu considérables à comparaison de la bonne volonté, pour laquelle seule ils s'estiment et laquelle ils supposent aussi être, ou du moins pouvoir être, en chacun des autres hommes.

En quoi consiste l'humilité vertueuse.

Ainsi les plus généreux ont coutume d'être les plus humbles; et l'humilité vertueuse ne consiste qu'en ce que la réflexion que nous faisons sur l'infirmité de notre nature et sur les fautes que nous pouvons autrefois avoir commises ou sommes capables de commettre, qui ne sont pas moindres que celles qui peuvent être commises par d'autres, est cause que nous ne nous préférons à personne, et que nous pensons que les autres ayant leur libre arbitre aussi bien que nous, ils en peuvent aussi bien user.

Quelles sont les propriétés de la générosité, et comment elle sert de remède contre tous les dérèglements des passions.

Ceux qui sont généreux en cette façon sont naturellement portés à faire de grandes choses, et toutefois à ne rien entreprendre dont ils ne se sentent capables : et pour ce qu'ils n'estiment rien de plus grand que de faire du bien aux autres hommes et de mépriser son propre intérêt, pour ce sujet ils sont toujours parfaitement courtois, affables et officieux envers un chacun. Et avec cela ils sont entièrement maîtres de leurs passions, particulièrement des désirs, de la jalousie et de l'envie, à cause qu'il n'y à aucune chose dont l'acquisition ne dépende pas d'eux qu'ils pensent valoir assez pour mériter d'être beaucoup souhaitée; et de la haine envers les hommes, à cause qu'ils les estiment tous; et de la peur, à cause que la confiance qu'ils ont en leur vertu les assure; et enfin de la colère, à cause que, n'estimant que fort peu toutes les choses qui dépendent d'autrui, jamais ils ne donnent tant d'avantage à leurs ennemis que de reconnaître qu'ils en sont offensés [1].

.*.

VIII

LES ÉMOTIONS INTÉRIEURES DE L'AME NOUS TOUCHENT DE PLUS PRÈS QUE NOS PASSIONS QUI DOIVENT, PAR SUITE, LEUR ÊTRE SUJETTES

J'ajouterai seulement encore ici une considération, qui me semble beaucoup servir

1. Descartes, *Les Passions de l'âme*, troisième partie, articles CLII, CLIII, CLIV, CLV, CLVI.

pour nous empêcher de recevoir aucune incommodité des passions; c'est que notre bien et notre mal dépendent principalement des émotions intérieures qui ne sont excitées en l'âme que par l'âme même, en quoi elles diffèrent de ses passions qui dépendent toujours de quelque mouvement des esprits; et bien que ces émotions de l'âme soient souvent jointes avec les passions qui leur sont semblables, elles peuvent souvent aussi se rencontrer avec d'autres, et même naître de celles qui leur sont contraires.... Et lorsque nous lisons des aventures étranges dans un livre, ou que nous les voyons représenter sur un théâtre, cela excite quelquefois en nous la tristesse, quelquefois la joie, ou l'amour, ou la haine, et généralement toutes les passions, selon la diversité des objets qui s'offrent à notre imagination; mais avec cela nous avons du plaisir de les sentir exciter en nous, et ce plaisir est une joie intellectuelle qui peut aussi bien naître de la tristesse que de toutes les autres passions.

Or, d'autant que ces émotions intérieures nous touchent de plus près, et ont par conséquent beaucoup plus de pouvoir sur nous que les passions dont elles diffèrent qui se rencontrent avec elles, il est certain que, pourvu que notre âme ait toujours de quoi se contenter en son intérieur, tous les troubles qui viennent d'ailleurs n'ont aucun pouvoir de lui nuire, mais plutôt ils servent à augmenter sa joie, en ce que, voyant qu'elle ne peut être offensée par eux, cela lui fait connaître sa perfection. Et afin que notre âme ait ainsi de quoi être contente, elle n'a besoin que de suivre exactement la vertu. Car quiconque a vécu en telle sorte que sa conscience ne lui peut reprocher qu'il n'ait jamais manqué à faire toutes les choses qu'il a jugées être les meilleures

(qui est ce que je nomme ici suivre la vertu),
il en reçoit une satisfaction qui est si puis-
sante pour le rendre heureux que les plus
violents efforts des passions n'ont jamais
assez de pouvoir pour troubler la tranquillité de son âme [1].

IX

LES PASSIONS
PRESQUE TOUTES BONNES

Il semble que vous inférez de ce que
j'ai étudié les passions, que je n'en dois
plus avoir aucune; mais je vous dirai que
tout au contraire, en les examinant, je les
ai trouvées presque toutes bonnes, et tellement utiles à cette vie, que notre âme n'aurait pas sujet de vouloir demeurer jointe à

1. Descartes, *Les Passions de l'âme*, deuxième partie,
articles CXLVII, CXLVIII.

son corps un seul moment, si elle ne les pouvait ressentir. Il est vrai que la colère est une de celles dont j'estime qu'il se faut garder, en tant qu'elle a pour objet une offense reçue; et pour cela nous devons tâcher d'élever si haut notre esprit, que les offenses que les autres nous peuvent faire ne parviennent jamais jusques à nous. Mais je crois qu'au lieu de colère, il est juste d'avoir de l'indignation, et j'avoue que j'en ai souvent[1].

* *
*

X

LE REPOS NÉCESSAIRE

La constitution de notre nature étant telle, que notre esprit a besoin de beaucoup de relâche, afin qu'il puisse employer utile-

1. *Discours de la Méthode* et *Choix de lettres*, édition Firmin Didot, p. 164, lettre à M. Chanut, du 1er novembre 1646.

ment quelques moments en la recherche de la vérité, et qu'il s'assoupirait, au lieu de se polir, s'il s'appliquait trop à l'étude, nous ne devons pas mesurer le temps que nous avons pu employer à nous instruire, par le nombre des heures que nous avons eues à nous, mais plutôt, ce me semble, par l'exemple de ce que nous voyons communément arriver aux autres, comme étant une marque de la porté ordinaire de l'esprit humain [1].

Je puis dire avec vérité, que la principale règle que j'ai toujours observée en mes études, et celle que je crois m'avoir le plus servi pour acquérir quelque connaissance, a été que je n'ai jamais employé que fort peu d'heures par jour aux pensées qui occupent l'imagination, et fort peu d'heures par

1. *Discours de la Méthode* et *Choix de lettres*, édition Firmin Didot, p. 106, lettre à Madame Élisabeth, de septembre 1645.

an à celles qui occupent l'entendement seul,
et que j'ai donné tout le reste de mon temps
au relâche des sens et au repos de l'esprit;
même je compte entre les exercices de l'imagination toutes les conversations sérieuses,
et tout ce à quoi il faut avoir de l'attention.
C'est ce qui m'a fait retirer aux champs; car
encore que dans la ville la plus occupée du
monde, je pourrais avoir autant d'heures à
moi que j'en emploie maintenant à l'étude,
je ne pourrais pas toutefois les y employer
si utilement, lorsque mon esprit serait lassé
par l'attention que requiert le tracas de la
vie [1].

Je dors ici dix heures toutes les nuits;
et sans que jamais aucun soin me réveille,
après que le sommeil a longtemps promené
mon esprit dans des buis, des jardins, et

1. *Discours de la Méthode* et *Choix de lettres*, édition Firmin Didot, pp. 81 et 82, lettre à Madame Élisabeth, du
17 juin 1643.

des palais enchantés, où j'éprouve tous les plaisirs qui sont imaginés dans les fables, je mêle insensiblement mes rêveries du jour avec celles de la nuit[1].

* *
*

XI

APOTHÉOSE DE LA VOLONTÉ

Je ne puis par aussi me plaindre que Dieu ne m'ait pas donné un libre arbitre ou une volonté assez ample et assez parfaite, puisqu'en effet je l'expérimente si ample et si étendue qu'elle n'est renfermée dans aucunes bornes. Et ce qui me semble ici bien remarquable est que, de toutes les autres choses qui sont en moi, il n'y en a aucune si parfaite et si grande que je ne

---

1. *Discours de la Méthode* et *Choix de lettres*, édition Firmin Didot, p. 217, lettre à M. de Balzac, du 29 mars 1631.

reconnaisse bien qu'elle pourroit être encore plus grande et plus parfaite. Car, par exemple, si je considère la faculté de concevoir qui est en moi, je trouve qu'elle est d'une fort petite étendue, et grandement limitée, et tout ensemble je me représente l'idée d'une autre faculté beaucoup plus ample et même infinie; et de cela seul que je puis me représenter son idée, je connais sans difficulté qu'elle appartient à la nature de Dieu. En même façon si j'examine la mémoire, ou l'imagination, ou quelque autre faculté qui soit en moi, je n'en trouve aucune qui ne soit très petite et bornée, et qui en Dieu ne soit immense et infinie. Il n'y a que la volonté seule ou la seule liberté du franc arbitre que j'expérimente en moi être si grande que je ne conçois point l'idée d'aucun autre plus ample et plus étendue, en sorte que c'est elle principalement qui me fait connaître que je porte l'image et la ressemblance de Dieu. Car encore qu'elle soit incomparablement plus grande dans Dieu que dans moi, soit à raison de la connaissance et de la puissance qui se trouvent jointes avec elle et qui la rendent plus ferme et plus efficace, soit à raison de l'objet, d'autant qu'elle se porte et s'étend infiniment à plus de choses, elle ne me semble pas toutefois plus grande, si je la considère formellement et précisément en elle-même. Car elle consiste seulement en ce que nous pouvons faire une même chose ou ne la faire pas, c'est-à-dire affirmer ou nier, poursuivre ou fuir une même chose, ou plutôt elle consiste seulement en ce que, pour affirmer ou nier, poursuivre ou fuir les choses que l'entendement nous propose, nous agissons de telle sorte que nous ne sentons point qu'aucune force extérieure nous y contraigne. Car afin que je sois libre, il n'est pas nécessaire

que je sois indifférent à choisir l'un ou
l'autre des deux contraires; mais plutôt,
d'autant plus que je penche vers l'un, soit
que je connaisse évidemment que le bien et
le vrai s'y rencontrent, soit que Dieu dis-
pose ainsi l'intérieur de ma pensée,
d'autant plus librement j'en fais choix et
je l'embrasse; et certes, la grâce divine
et la connaissance naturelle, bien loin
de diminuer ma liberté, l'augmentent plutôt et la fortifient; de façon que cette
indifférence que je sens lorsque je ne suis
point emporté vers un côté plutôt que vers
un autre par le poids d'aucune raison, est
le plus bas degré de la liberté, et fait
plutôt paraître un défaut dans la connaissance qu'une perfection dans la volonté :
car si je connaissois toujours clairement ce
qui est vrai et ce qui est bon, je ne
serais jamais en peine de délibérer quel
jugement et quel choix je devrais faire; et

ainsi je serais entièrement libre sans jamais être indifférent[1].

* *

XII

LA VERTU ET LA VÉRITÉ

Comme tous les vices ne viennent que de l'incertitude et de la faiblesse qui suit l'ignorance, et qui fait naître les repentirs ; ainsi la vertu ne consiste qu'en la résolution et la vigueur avec laquelle on se porte à faire les choses qu'on croit être bonnes, pourvu que cette vigueur ne vienne pas d'opiniâtreté, mais de ce qu'on sait les avoir autant examinées qu'on en a moralement de pouvoir ; et bien que ce qu'on fait alors puisse être mauvais, on est assuré néanmoins qu'on fait son devoir ; au lieu que si

1. *Méditations*, Méditation quatrième, pp. 117, 118, 119 de l'édition Lefèvre et *Œuvres choisies*, édition Garnier, pp. 112, 113, 114.

on exécute quelque action de vertu, et que cependant on pense mal faire, ou bien qu'on néglige de savoir ce qui en est, on n'agit pas en homme vertueux.... Il me reste encore ici à prouver que c'est de ce bon usage du libre arbitre qui vient le plus grand et le plus solide contentement de la vie; ce qui me semble n'être pas difficile, pour ce que considérant avec soin en quoi consiste la volupté ou le plaisir, et généralement toutes les sortes de contentements qu'on peut avoir, je remarque en premier lieu qu'il n'y en a aucun qui ne soit entièrement en l'âme, bien que plusieurs dépendent du corps; de même que c'est aussi l'âme qui voit, bien que ce soit par l'entremise des yeux. Puis je remarque qu'il n'y a rien qui puisse donner du contentement à l'âme, sinon l'opinion qu'elle a de posséder quelque bien, et que souvent cette opinion n'en est qu'une représentation fort confuse, et même que son union avec le corps est cause qu'elle se représente ordinairement certains biens incomparablement plus grands qu'ils ne sont; mais que si elle connaissait distinctement leur juste valeur, son contentement serait toujours proportionné à la grandeur du bien dont il procéderait. Je remarque aussi que la grandeur d'un bien à notre égard, ne doit pas seulement être mesurée par la valeur de la chose en quoi il consiste, mais principalement aussi par la façon dont il se rapporte à nous; et qu'outre que le libre arbitre est de soi la chose la plus noble qui puisse être en nous, d'autant qu'il nous rend en quelque façon pareils à Dieu, et semble nous exempter de lui être sujets, et que par conséquent son bon usage est le plus grand de tous nos biens, il est aussi celui qui est le plus proprement nôtre, et qui nous importe le plus; d'où il suit que ce n'est que de lui que nos plus grands contentements peuvent procéder. Aussi voit-on, par exemple, que le repos d'esprit et la satisfaction intérieure que sentent en eux-mêmes ceux qui savent qu'ils ne manquent jamais à faire leur mieux, tant pour connaître le bien que pour l'acquérir, est un plaisir sans comparaison plus doux, plus durable et plus solide que tous ceux q..i viennent d'ailleurs[1].

***

XIII

POUR ÊTRE TOUJOURS DISPOSÉ A BIEN JUGER ET A BIEN AGIR

Il ne peut, ce me semble, y avoir que deux choses qui soient requises pour être

1. *Discours de la Méthode* et *Choix de lettres*, édition Firmin Didot, pp. 156, 157, 158, lettre à la reine de Suède, du 20 novembre 1647.

toujours disposé à bien juger, l'une est la connaissance de la vérité, et l'autre l'habitude qui fait qu'on se souvient et qu'on acquiesce à cette connaissance toutes les fois que l'occasion le requiert. Mais pour ce qu'il n'y a que Dieu seul qui sache parfaitement toutes choses, il est besoin que nous nous contentions de savoir celles qui sont le plus à notre usage ; entre lesquelles la première et la principale est qu'il y a un Dieu, de qui toutes choses dépendent, dont les perfections sont infinies, dont le pouvoir est immense, dont les décrets sont infaillibles : car cela nous apprend à recevoir en bonne part tout ce qui nous arrive, comme nous étant expressément envoyé de Dieu. Et pour ce que le vrai objet de l'amour est la perfection, lorsque nous élevons notre esprit à le considérer tel qu'il est, nous nous trouvons naturellement si enclins à l'aimer, que nous tirons même de la joie de nos afflictions, en pensant que sa volonté s'exécute en ce que nous les recevons.

La seconde chose qu'il faut connaître est la nature de notre âme, en tant qu'elle subsiste sans le corps, et est beaucoup plus noble que lui, et capable de jouir d'une infinité de contentements qui ne se trouvent point en cette vie ; car cela nous empêche de craindre la mort, et détache tellement notre affection des choses du monde, que nous ne regardons qu'avec mépris tout ce qui est au pouvoir de la fortune.

A quoi peut aussi beaucoup servir qu'on juge dignement des œuvres de Dieu, et qu'on ait cette vaste idée de l'étendue de l'univers que j'ai tâché de faire concevoir au troisième livre de mes principes. Car si on s'imagine qu'au delà des cieux il n'y a rien que des espaces imaginaires, et que tous les cieux ne sont faits que pour le service de la terre, ni la terre que pour l'homme, cela fait qu'on est enclin à penser que cette terre est notre principale demeure, et cette vie notre meilleure; et qu'au lieu de connaître les perfections qui sont véritablement en nous, on attribue aux autres créatures des imperfections qu'elles n'ont pas, pour s'élever au-dessus d'elles; et, entrant en une présomption impertinente, on veut être du conseil de Dieu, et prendre avec lui la charge de conduire le monde; ce qui cause une infinité de vaines inquiétudes et fâcheries.

Après qu'on a ainsi reconnu la bonté de Dieu, l'immortalité de nos âmes et la grandeur de l'univers, il y a encore une vérité dont la connaissance me paraît fort utile, qui est que, bien que chacun de nous soit une personne séparée des autres, et dont par conséquent les intérêts sont en quelque façon distincts de ceux du reste du monde, on doit toutefois penser qu'on ne saurait subsister seul, et qu'on est en effet l'une des parties de l'univers, et plus particulièrement encore l'une des parties de cette terre, l'une des parties de cet État, de cette société, de cette famille, à laquelle on est joint par sa demeure, par son serment, par sa naissance; et il faut toujours préférer les intérêts du tout dont on est partie à ceux de sa personne en particulier; toutefois avec mesure et discrétion; car on aurait tort de s'exposer à un grand mal, pour procurer seulement un petit bien à ses parents ou à son pays; et si un homme vaut plus lui seul que tout le reste de sa ville, il n'aurait pas raison de se vouloir perdre pour la sauver. Mais si on rapportait tout à soi-même, on ne craindrait pas de nuire beaucoup aux autres hommes, lorsqu'on croirait en retirer quelque petite commodité, et on n'aurait aucune vraie amitié, ni aucune fidélité, et

généralement aucune vertu ; au lieu qu'en
se considérant comme une partie du public,
on prend plaisir à faire du bien à tout le
monde, et même on ne craint pas d'exposer
sa vie pour le service d'autrui, lorsque
l'occasion s'en présente ; jusque-là qu'on
voudrait aussi perdre son âme, s'il se pouvait, pour sauver les autres : en sorte que
cette considération est la source et l'origine
de toutes les plus héroïques actions que
fassent les hommes. Car pour ceux qui
s'exposent à la mort par vanité, pour ce
qu'ils espèrent en être loués ; par stupidité,
pour ce qu'ils n'appréhendent pas le danger,
je crois qu'ils sont plus à plaindre qu'à
priser. Mais lorsque quelqu'un s'y expose
pour ce qu'il croit que c'est son devoir, ou
bien lorsqu'il souffre quelqu'autre mal, afin
qu'il en revienne du bien aux autres, encore
qu'il ne considère peut-être plus expressément qu'il fait cela, pour ce qu'il doit plus

au public dont il est une partie, qu'à soi-
même en son particulier; il le fait toutefois en vertu de cette considération, qui est
confusément en sa pensée; et on est naturellement porté à l'avoir, lorsqu'on connaît
et qu'on aime Dieu comme il faut; car alors,
s'abandonnant du tout à sa volonté, on se
dépouille de ses propres intérêts, et on n'a
point d'autre passion que de faire ce qu'on
croit lui être agréable. Ensuite de quoi on a
des satisfactions d'esprit et des contentements, qui valent incomparablement
davantage que toutes les petites joies passa-
gères qui dépendent des sens.

Outre ces vérités qui regardent en général
toutes nos actions, il en faut aussi savoir
beaucoup d'autres, qui se rapportent plus
particulièrement à chacune; et les principales
me semblent être celles que j'ai remarquées
en ma dernière lettre, à savoir que toutes
nos passions nous représentent les biens à

la recherche desquels elles nous incitent, beaucoup plus grands qu'ils ne sont vérita- blement, et que les plaisirs du corps ne sont jamais si durables que ceux de l'âme, ni si grands quand on les possède, qu'ils parais- sent quand on les espère. Ce que nous devons soigneusement remarquer, afin que lorsque nous sommes émus de quelque passion, nous suspendions notre jugement jusqu'à ce qu'elle soit apaisée, et que nous ne nous laissions pas aisément tromper par la fausse apparence des biens de ce monde.

A quoi je ne puis ajouter autre chose, sinon qu'il faut aussi examiner en particulier toutes les mœurs des lieux où nous vivons, pour savoir jusqu'où elles doivent être suivies; et bien que nous ne puissions avoir des démonstrations certaines de tout, nous devons néanmoins prendre parti, et embrasser les opinions qui nous paraissent les plus vraisemblables touchant toutes les

choses qui viennent en usage, afin que, lorsqu'il est en question d'agir, nous ne soyons
jamais irrésolus; car il n'y a que la seule
irrésolution qui cause les regrets et les
repentirs.

Au reste, j'ai dit ci-dessus qu'outre la
connaissance de la vérité, l'habitude est
aussi requise pour être toujours disposé à
bien juger; car d'autant que nous ne pouvons
être continuellement attentifs à une même
chose, quelque claires et évidentes qu'aient
été les raisons qui nous ont persuadé ci-
devant une vérité, nous pouvons par après
être détournés de la croire par de fausses
apparences, si ce n'est que par une longue
et fréquente méditation nous l'ayons tellement imprimée en notre esprit, qu'elle soit
tournée en habitude; et en ce sens on a
raison dans l'école de dire que les vertus
sont des habitudes : car, en effet, on ne
manque guère faute d'avoir en théorie la con-

naissance de ce qu'on doit faire, mais seulement faute de l'avoir en pratique, c'est-à-dire, faute d'avoir une ferme habitude de le croire. Et pour ce que, pendant que j'examine ici ces vérités, j'en augmente aussi en moi l'habitude, j'ai particulièrement obligation à Votre Altesse de ce qu'elle permet que je l'en entretienne[1].

#

XIV

DU BIEN EN GÉNÉRAL

Quand on considère l'idée du bien pour servir de règle à nos actions, on le prend pour toute la perfection qui peut être en la chose qu'on nomme bonne, et on le compare

1. *Discours de la Méthode* et *Choix de lettres*, édition Firmin Didot, pp. 101, 102, 103, 104, lettre à Madame Élisabeth, du 15 juin 1645. Ces extraits de cette lettre ont été déjà partiellement reproduits par nous, dans notre exposé « une profession de foi cartésienne ».

à la ligne droite qui est unique entre une infinité de courbes auxquelles on compare les maux[1].

.˙.

XV

LA HAINE
L'AMOUR ET L'OPTIMISME

L'amour que nous avons pour un objet qui ne le mérite pas, nous peut rendre pires que ne fait la haine que nous avons pour un autre que nous devrions aimer; à cause qu'il y a plus de danger d'être joint à une chose qui est mauvaise, et d'être comme transformé en elle, qu'il n'y en a d'être séparé de volonté d'une qui est bonne. Mais quand je prends garde aux inclinations ou habitudes qui naissent de ces passions, je change d'avis :

1. *Discours de la Méthode* et *Choix de lettres*, édition Firmin Didot, p. 116, lettre à Madame Élisabeth, de mars 1646.

car voyant que l'amour, quelque déréglée
qu'elle soit, a toujours le bien pour objet,
il ne me semble pas qu'elle puisse tant corrompre nos mœurs que fait la haine, qui ne
se propose que le mal. Et on voit par expérience que les plus gens de bien deviennent
peu à peu malicieux, lorsqu'ils sont obligés
de haïr quelqu'un ; car encore même que leur
haine soit juste, ils se représentent si souvent
les maux qu'ils reçoivent de leur ennemi, et
aussi ceux qu'ils lui souhaitent, que cela les
accoutume peu à peu à la malice. Au contraire, ceux qui s'adonnent à aimer, encore
même que leur amour soit déréglée et
frivole, ne laissent pas de se rendre souvent plus honnêtes gens et plus vertueux
que s'ils occupaient leur esprit à d'autres
pensées...   .   .   .   .
La haine est toujours accompagnée de tris-
tesse et de chagrin ; et quelque plaisir que
certaines gens prennent à faire du mal aux

autres, je crois que leur volupté est semblable à celle des démons, qui, selon notre religion, ne laissent pas d'être damnés, encore qu'ils s'imaginent continuellement se venger de Dieu en tourmentant les hommes dans les enfers. Au contraire l'amour, tant déréglée qu'elle soit, donne du plaisir; et bien que les poètes s'en plaignent souvent dans leurs vers, je crois néanmoins que les hommes s'abstiendraient naturellement d'aimer s'ils n'y trouvaient plus de douceur que d'amertume; et que toutes les afflictions dont on attribue la cause à l'amour, ne viennent que des autres passions qui l'accompagnent, à savoir, des désirs téméraires et des espérances mal fondées[1].

Lorsqu'on peut avoir diverses considérations également vraies, dont les unes

1. *Discours de la Méthode* et *Choix de lettres*, édition Firmin Didot, pp. 172, 173, lettre à M. Chanut, du 1ᵉʳ février 1647.

nous portent à être contents, et les autres au contraire nous en empêchent, il me semble que la prudence veut que nous nous arrêtions principalement à celles qui nous donnent de la satisfaction; et même à cause que presque toutes les choses du monde sont telles, qu'on les peut regarder de quelque côté qui les fait paraître bonnes, et de quelqu'autre qui fait qu'on y remarque des défauts, je crois que si l'on doit user de son adresse en quelque chose, c'est principalement à les savoir regarder du biais qui les fait paraître à notre avantage, pourvu que ce soit sans nous tromper [1].

Il n'y a que la fausse philosophie d'Hégésias, dont le livre fut défendu par Ptolomée, pour ce que plusieurs s'étaient

---

1. *Discours de la Méthode* et *Choix de lettres*, édition Firmin Didot, pp. 105, 106, lettre à Madame Élisabeth, de septembre 1645.

tués après l'avoir lu, qui tâche à persuader
que cette vie est mauvaise ; la vraie enseigne,
tout au contraire, que, même parmi les plus
tristes accidents et les plus pressantes douleurs, on y peut toujours être content, pourvu
qu'on sache user de sa raison [1].

* *

XVI

L'AMITIÉ

On [un prince] doit aussi distinguer entre
les sujets, les amis ou alliés, et les ennemis :
car au regard de ces derniers on a quasi
permission de tout faire, pourvu qu'on en
tire quelque avantage pour soi ou pour ses

[1]. *Discours de la Méthode* et *Choix de lettres*, édition Firmin Didot, p. 140, lettre à Madame Élisabeth, de septembre 1645.

sujets, et je ne désapprouve pas en cette occasion qu'on accouple le renard avec le lion, et qu'on joigne l'artifice à la force. Même je comprends sous le nom d'ennemis tous ceux qui ne sont point amis ou alliés, pour ce qu'on a droit de leur faire la guerre quand on y trouve son avantage, et que, commençant à devenir suspects et redoutables, on a lieu de s'en défier. Mais j'excepte une espèce de tromperie, qui est si directement contraire à la société, que je ne crois pas qu'il soit jamais permis de s'en servir, bien que notre auteur [Machiavel] l'approuve en divers endroits, et qu'elle ne soit que trop en pratique : c'est de feindre d'être ami de ceux qu'on veut perdre, afin de les pouvoir mieux surprendre. L'amitié est une chose trop sainte pour en abuser de la sorte; et celui qui aura pu feindre d'aimer quelqu'un pour le trahir, mérite que ceux qu'il voudra par après aimer véritablement n'en croient rien, et le haïssent[1].

On peut dire beaucoup de choses en peu de temps, et je trouve que la longue fréquentation n'est pas nécessaire pour lier d'étroites amitiés, lorsqu'elles sont fondées sur la vertu[2].

A cause que nous ne pouvons pas aimer également tous ceux en qui nous remarquons des mérites égaux, je crois que nous sommes seulement obligés de les estimer également; et que le principal bien de la vie étant d'avoir de l'amitié pour quelques-uns, nous avons raison de préférer ceux à qui nos inclinations secrètes nous

1. *Discours de la Méthode* et *Choix de lettres*, édition Firmin Didot, p. 125, lettre à Madame Élisabeth, du 15 septembre 1646. Il s'agit, dans toute cette lettre, du « Prince » de Machiavel.

2. *Discours de la Méthode* et *Choix de lettres*, édition Firmin Didot, p. 164, lettre à M. Chanut, du 1er novembre 1646.

joignent, pourvu que nous remarquions aussi en eux du mérite. Outre que, lorsque ces inclinations secrètes ont leur cause en l'esprit, et non dans le corps, je crois qu'elles doivent toujours être suivies; et la marque principale qui les fait connaître, est que celles qui viennent de l'esprit sont réciproques, ce qui n'arrive pas souvent aux autres[1].

Je me plains de ce que le monde est trop grand à raison du peu d'honnêtes gens qui s'y trouvent; je voudrais qu'il fussent tous assemblés en une ville, et alors je serais bien aise de quitter mon ermitage pour aller vivre avec eux, s'ils me voulaient recevoir en leur compagnie : car outre encore que je fuie la multitude, à cause de la quantité des impertinents et des impor-

1. *Discours de la Méthode, et Choix de lettres*, édition Firmin Didot, pp. 183, 184, lettre à M. Chanut du 6 juin 1647.

tuns qu'on y rencontre, je ne laisse pas de penser que le plus grand bien de la vie est de jouir de la conversation des personnes que l'on estime[1].

* * *

XVII

CONTRE LES AFFLICTIONS INUTILES

Encore que je me sois retiré assez loin hors du monde, la triste nouvelle de votre affliction n'a pas laissé de parvenir jusques à moi. Si je vous mesurais au pied des âmes vulgaires, la tristesse que vous avez témoignée dès le commencement de la maladie de feu madame de Z. me ferait craindre que son décès ne vous fût du tout insupportable; mais ne doutant point que vous ne vous

1. *Discours de la Méthode* et *Choix de lettres*, édition Firmin Didot, p. 160, lettre à M. Chanut, du 6 mars 1646.

gouverniez entièrement selon la raison, je me persuade qu'il vous est beaucoup plus aisé de vous consoler et de reprendre votre tranquillité d'esprit accoutumée, maintenant qu'il n'y a plus du tout de remède, que lorsque vous aviez encore occasion de craindre et d'espérer. Car il est certain que l'espérance étant du tout ôtée, le désir cesse, ou du moins se relâche et perd sa force, et quand on n'a que peu ou point de désir de ravoir ce qu'on a perdu, le regret n'en peut être fort sensible. Il est vrai que les esprits faibles ne goûtent point du tout cette raison, et que, sans savoir eux-mêmes ce qu'ils s'imaginent, ils s'imaginent que tout ce qui a autrefois été peut encore être, et que Dieu est comme obligé de faire pour l'amour d'eux tout ce qu'ils veulent; mais une âme forte et généreuse comme la vôtre, sachant la condition de notre nature, se soumet toujours à la nécessité de sa loi, et bien que ce ne soit pas sans quelque peine, j'estime si fort l'amitié, que je crois que tout ce que l'on souffre à son occasion est agréable, en sorte que ceux mêmes qui vont à la mort pour le bien des personnes qu'ils affectionnent, me semblent heureux jusques au dernier moment de leur vie. Et quoi que j'appréhendasse pour votre santé, pendant que vous perdiez le manger et le repos pour servir vous-même votre malade, j'eusse pensé commettre un sacrilège, si j'eusse tâché à vous divertir d'un office si pieux et si doux. Mais maintenant que votre deuil ne lui pouvant plus être utile ne saurait aussi être si juste qu'auparavant, ni par conséquent accompagné de cette joie et satisfaction intérieure qui suit les actions vertueuses et fait que les sages se trouvent heureux en toutes les rencontres de la fortune, si je pensais que votre raison ne le pût vaincre, j'irais importunément vous trouver, et tâcherais par tous moyens à vous divertir, à cause que je ne sache point d'autre remède pour un tel mal. Je ne mets pas ici en ligne de compte la perte que vous avez faite en tant qu'elle vous regarde, et que vous êtes privé d'une compagnie que vous chérissiez extrêmement; car il me semble que les maux qui nous touchent nous-mêmes ne sont point comparables à ceux qui touchent nos amis, et qu'au lieu que c'est une vertu d'avoir pitié des moindres afflictions qu'ont les autres, c'est une espèce de lâcheté de s'affliger pour aucune des disgrâces que la fortune nous peut envoyer[1].

1. *Discours de la Méthode et Choix de lettres*, édition Firmin Didot, pp. 243, 244, lettre à M. de Zuylichem sur la mort de sa femme, du commencement d'avril 1637.

QUELQUES EXTRAITS DE NICOLE

(TRAITÉ DE LA PRIÈRE [1])

Qu'il faut prier toujours sous peine de ne jamais prier.

L'oraison particulière renferme une cessation de toute autre action, une application entière de l'esprit et du cœur à Dieu. Mais l'oraison qui doit être continuelle, doit être jointe à nos autres occupations. Elle n'empêche pas notre esprit de s'appliquer aux affaires, mais seulement de s'y livrer, et de s'y abandonner. Elle ne retranche que les pensées inutiles. Et à l'égard de celles qui

1. *Traité de la Prière*, par Monsieur Nicole, à Paris chez J.-Fr. Josse, *à la Couronne d'épines et à la Fleur de lys d'or*, et chez J.-B. Delépine, *à la Victoire et au Palmier*, MDCCXL.

sont utiles, elle ne fait qu'en modérer l'impression, de peur qu'elles ne s'emparent si pleinement de l'esprit qu'elles en bannissent le souvenir de Dieu.

Ainsi cette oraison continuelle n'est autre chose que ce que l'on appelle l'exercice de la présence de Dieu et la pratique de la vigilance chrétienne, qui empêche l'esprit de se dissiper et de se répandre trop au dehors, qui joint à toutes les actions une vue secrète de Dieu et un désir de lui plaire, et qui nous fait recourir sans cesse à lui par des regards secrets.

Il est clair que l'oraison continuelle ainsi entendue, est une disposition nécessaire à l'oraison qui se fait à certaines heures particulières. Car il ne faut pas s'imaginer qu'après avoir donné une entière liberté à ses sens et à ses pensées ; après avoir laissé entrer dans son esprit une foule d'images qui y font de vives impressions, et y laissent des traces profondes qui se renouvellent à tout moment ; après avoir oublié Dieu tout le long de la journée, on en puisse rappeler le souvenir et bannir les idées des choses du monde à l'heure que nous aurons destinée à l'oraison[1].

. . . .

Ceux (parmi les premiers Chrétiens) qui n'avaient pas soin de se préparer à cette grande tentation (l'apostasie pour éviter le martyre), qui vivaient dans le relâchement, qui s'attachaient au monde, qui en goûtaient les plaisirs, succombaient d'ordinaire aux tourments. Et ceux au contraire qui s'y préparaient par une prière continuelle accompagnée de pénitence et de mortification; ceux qui avaient toujours leur vie dans leur main pour la donner à Dieu, demeuraient ordinairement fermes dans le combat[2].

*
* *

Voir la loi de Dieu et la volonté de Dieu sur nous par toutes leurs faces; ainsi ne pas être précipité ni téméraire, ne prendre pas une place à laquelle on n'a pas droit et qu'on n'a pas

1. Tome I, pp. 2 et 3 (Livre I, chap. I).
2. Tome I, pp. 216 et 217 (Livre II, chap. x).

*qualité pour remplir (ce qui serait, en effet,
être injuste, c'est-à-dire pécher contre le vérité),*

Il y a certaines vertus, et certains devoirs,
auxquels l'amour de la pauvreté, du mépris et
des souffrances ne paraît pas porter fort directement. Car on peut être très occupé de ces
objets, et être néanmoins téméraire et précipité
dans ses jugements. On peut se laisser trans-
porter par le mouvement d'un zèle déréglé;
usurper des fonctions auxquelles on n'est pas
appelé.... On peut ne connaître pas les bornes
de ses dons et se rendre le maître des autres,
lorsque l'on n'a ni le caractère ni la lumière
nécessaire pour cela. On peut appuyer par
ignorance des abus et de méchantes maximes,
parce qu'on les voit autorisées par des gens
qu'on estime par caprice et par passion. On
peut se mêler d'une infinité d'affaires qui sont
au-dessus de soi.... On peut suivre des
aveugles, être aveugle et guide d'aveugles.
Tout cela, dis-je, se peut rencontrer dans un
esprit rempli de spéculation sur Jésus-Christ
pauvre, humilié, souffrant, et qui croit res-

sentir divers mouvements à l'égard de ces états
du Fils de Dieu.

Tant s'en faut même que la grande application qu'on y a, serve à découvrir les fautes de
ce genre-là, que c'est peut-être ce qui nous les
cache. Car l'esprit de l'homme est toujours
étroit et borné. La trop grande attention à un
objet lui dérobe la vue des autres et les lui
fait voir moins exactement. Qui envisage fortement une chose par une de ses faces, ne la voit
plus par les autres. Il faut donc tâcher de voir
la loi de Dieu et la volonté de Dieu sur nous
par toutes leurs faces[1].

*
* *

Qu'il faut adorer Dieu.

Il faut adorer Dieu, parce qu'il mérite d'être
adoré, et que la justice prescrit indispensable-
ment ce devoir à la créature. Il le faut remer-
cier de ses grâces, parce que la gratitude est un

---

1. Tome I, pp. 148 et 149 (Livre II, chap. iii).

autre devoir que la loi éternelle nous ordonne,
et qu'ainsi il est injuste d'être ingrat. Il le faut
louer, parce qu'il est louable. Il lui faut rendre
gloire et honneur, parce que la gloire et
l'honneur lui appartiennent. Il le faut aimer,
parce qu'il est aimable, et qu'étant la justice
même il est clair que l'on est injuste de ne
l'aimer pas[1].

*
* *

Le mépris des tentations.

Avis que saint Anselme donne à des Religieuses, et à leur directeur nommé Robert, dans
une lettre qu'il leur adresse en commun :

« Si vous voulez savoir, leur dit-il, comment
vous devez résister aux mauvais désirs et aux
mauvaises pensées, écoutez ce petit avis que je
vous donne, et efforcez-vous de le pratiquer.
N'excitez pas dans votre cœur une espèce de
combat et de contestation, par une application

1. Tome I, p. 233 (Livre III, chap. 1); dans ce morceau
Nicole ne prétend évidemment autre chose que donner une
traduction libre des paroles latines qui se disent à la messe
lors de la « préface ».

formelle à en bannir ces mauvais désirs et ces mauvaises pensées. Mais lorsque vous en serez travaillés, tâchez pour les faire évanouir, d'occuper fortement votre esprit de quelque bon désir et de quelque bonne pensée. Car l'unique moyen de chasser de son cœur un mauvais désir et une mauvaise pensée, est de le remplir d'un désir et d'une pensée qui y soient contraires. Ainsi la manière dont vous devez vous conduire à l'égard des pensées inutiles et des désirs déréglés est de vous appliquer tellement à des objets de piété, que votre esprit dédaigne même de faire réflexion sur ces pensées et ces désirs qui vous travaillent. Lors donc que vous serez appliqués à la prière ou à quelque méditation utile, si vous vous sentez alors importunés de pensées auxquelles vous ne devez pas consentir, gardez-vous bien que la peine qu'elles vous feront, ne vous fasse quitter ce que vous aurez commencé, de peur que le diable qui les excite n'ait la joie de vous avoir fait abandonner la bonne œuvre que vous aviez commencée. Mais contentez-vous de les surmonter en les méprisant, comme je viens de

vous expliquer. Pendant que les méprisant de
cette manière vous n'y donnez aucun consente-
ment, évitez de vous laisser aller à des sentiments de douleur et de tristesse de ce que vous en
êtes travaillés, de peur que cette tristesse même
ne les rappelle à votre mémoire, et n'en renou-
velle l'importunité. Car l'esprit de l'homme est
ainsi fait, que ce qui lui plaît ou qui l'afflige,
lui revient bien plus souvent à la mémoire que
ce qu'il regarde avec mépris et avec dédain [1]. »

*Quelle doit être notre conviction de la puis-
sance de Dieu.*

La première de ces vérités (dont nous
devons être convaincus) est, que Dieu peut faire
tout ce que nous lui demandons.... Il semble
qu'il n'y ait rien de si facile que d'être dans
cette disposition. Car qui est-ce qui doute de la
puissance de Dieu? et néanmoins il s'en faut
bien que cela ne soit. Car il ne s'agit pas ici

1. Tome I, pp. 282 et 283 (Livre III, chap. v).

d'une conviction spéculative, mais d'un sentiment vif de la puissance de Dieu, qui entretient notre espérance : or il arrive souvent que l'esprit s'arrête tellement à la difficulté de la chose en soi, qu'il n'a aucun égard à la puissance de Dieu. On ne dit pas à la vérité que Dieu ne la peut faire, mais on ne regarde point sa puissance comme une cause dont on doive attendre rien ; et l'on espère aussi peu les choses qui ne se peuvent faire que par la puissance de Dieu, que si elles étaient absolument impossibles[1].

*
* *

De la prière collective.

Dieu ne nous sauve pas séparément et il ne reçoit pas nos prières séparément : il ne les reçoit que comme jointes à celles de tous les autres fidèles, comme faisant partie de celles de l'Église.... Nos prières toutes seules sont trop faibles pour aller jusqu'à Dieu, il les faut joindre

1. Tome I, pp. 291 et 292 (Livre III, chap. vii).

à celles de l'Église, comme l'eau retenue dans un vase étant incapable d'elle-même d'aller jusqu'à la mer, y est portée si on la jette dans un fleuve qui l'emporte avec le reste de ses eaux, selon la comparaison de saint Chrysostome[1].

Qu'il n'y a rien de plus obscur pour nous que notre prière.

Qui n'aurait pitié d'un voyageur qui ne pouvant s'égarer de son chemin sans se perdre, s'amuserait à s'enquérir de tout autre chose que de ce chemin? Cependant pour peu de réflexion qu'on fasse sur sa vie et sur celle des autres, on trouvera qu'il y en a peu qui ne soient coupables d'une imprudence beaucoup plus grande; puisque la prière nous tenant lieu de cette voie dont on ne peut s'égarer sans périr, et sans périr éternellement, il se trouve que c'est d'ordinaire à quoi on pense le moins,

1. Tome I, pp. 328 et 329 (Livre III, chap. ix).

et dont on s'informe le plus négligemment.

Peut-être qu'on suppose que tout le monde en est suffisamment instruit, et que la difficulté ne consiste qu'à pratiquer ce que l'on en sait. Mais cette pensée même est une preuve visible qu'on ne s'est guère mis en peine d'approfondir cette matière, qu'on s'est contenté d'en avoir une connaissance très superficielle et très imparfaite, et qu'on est bien éloigné d'en être assez instruit pour reconnaître les fautes qu'on y peut faire. Car pour peu qu'on prenne soin d'y pénétrer plus avant, on trouvera qu'il n'y en a guère de plus profonde ni de plus obscure [1].... Ainsi il ne faut pas tant juger de nos prières par les pensées que nous en avons, que par le fond de la charité qui les doit produire. Et comme il n'y a rien de si caché que ce fond de charité qui réside dans le cœur, il n'y a rien aussi de plus obscur pour nous que nos prières [2].... Tous les autres défauts ont leur source en ceux qui se rencontrent dans la prière [3].

1. Tome II, pp. 11, 12 (Livre I, chap. I).
2. Tome II, p. 20 (Livre I, chap. II).
3. Tome II, p. 14 (Livre I, chap. I).

* *

Qu'est-ce donc qu'aimer Dieu?

Qu'est-ce donc qu'aimer Dieu, ou avoir une véritable contrition de son péché? Que chacun consulte son cœur, et s'il y trouve quelque affection un peu violente ou de mari envers sa femme, ou de père envers ses enfants, ou d'ami envers son ami, qu'il en examine les mouvements, et il lui sera facile d'apprendre ce que c'est qu'aimer Dieu, et de reconnaître qu'il y a beaucoup de personnes qui se persuadent de faire souvent des actes d'amour de Dieu, qui n'ont pas seulement les ombres de cet amour.

Qu'est-ce que tous les hommes entendent, quand ils disent qu'une honnête femme aime son mari? Ne veulent-ils marquer autre chose, sinon que cette femme pense souvent en elle-même qu'elle l'aime, comme on prétend que former la même pensée au regard de Dieu, ce soit l'aimer? Jamais personne n'eut ce senti-ment, et il se trouvera beaucoup de femmes qui ont eu des affections très ardentes pour leurs maris, et qui peut-être jamais en leur vie n'ont fait de semblables réflexions. Une femme aimer son mari, c'est avoir une certaine inclination dans sa volonté qui la porte avec une douce et secrète violence à le servir, à lui obéir, à se conformer à ses volontés, à s'efforcer de lui plaire en toutes choses, à n'être touchée que de ses intérêts, et à n'avoir de joie que dans son contentement, à ressentir plus vivement ses afflictions que les siennes propres, à trouver des charmes dans sa présence, à languir dans son absence, à ne craindre rien. tant que de blesser en la moindre chose la pureté de son amour, et enfin à être prête de donner sa vie, si l'occasion s'en présentait, pour conserver celle de son mari. Voilà ce que les hommes appellent aimer, et non pas des paroles et des pensées qui ne sont que des productions de l'esprit, et non des effusions du cœur.

C'est par cette image imparfaite que nous devons juger si l'amour de Dieu règne dans nos âmes [1].

----

1. Tome II, pp. 38, 39, 40 (Livre I, chap. v).

De la paix dans la pénitence.

En remerciant Dieu de la miséricorde qu'il
nous a faite de nous avoir donné quelque bonne
volonté et quelque degré de charité..., il faut
reconnaître en même temps que nous avons
diminué infiniment ses dons par nos infidé-
lités...., qu'il est juste que nous en gémissions,
que nous nous en humilions, que nous sou-
haitions d'être plus fidèles à l'avenir, quoique
ces gémissements et ces désirs doivent être
accompagnés de paix, et exempts d'inquiétude
et de trouble [1].

Soit à l'égard des péchés, soit à l'égard des
tentations, il faut toujours éviter le trouble et
l'inquiétude. Car la volonté de Dieu à l'égard
de ceux qui sont dans ces états, est qu'ils entrent
dans les dispositions les plus propres pour y
satisfaire à leurs devoirs, c'est-à-dire pour

1. Tome II, p. 133 (Livre II, chap. vi).

résister aux tentations, et pour se relever de leurs péchés. Or bien loin que le trouble et l'inquiétude y soient favorables, ils peuvent beaucoup nuire à l'un et à l'autre. Car l'âme en toutes ses actions a besoin de paix, afin que son application et ses forces ne soient pas dissipées. Ainsi le pécheur même doit se procurer la paix et éviter ce qui la trouble, non pour demeurer dans le péché, mais pour en sortir [1].

Ainsi chacun doit établir sa vie sur cette maxime, qu'en quelque état qu'il soit, la volonté de Dieu est qu'il rentre dans la paix, c'est-à-dire, dans une disposition tranquille qui lui permette de discerner la vérité et de la suivre, et qu'il ne s'abandonne pas à la tristesse et au découragement, qui le mettraient dans l'impuissance d'agir.

Mais il ne faut pas entendre par cette égalité d'esprit où l'on doit tâcher de se conserver, une indifférence entière à tous ces divers états, qui ne nous permette pas de préférer les uns aux

1. Tome II, p. 148 (Livre II, chap. vii).

autres, ni une exemption entière de toutes
sortes de mouvements de crainte, de douleur,
de joie, d'éloignement. Car la même volonté
de Dieu qui nous défend toujours le découragement comme inutile à tout, nous prescrit
néanmoins certaines dispositions dans ces vicis-
situdes d'états.

Il y en a de générales et de particulières.

La générale, selon saint Bernard, est une
disposition de crainte qu'il avait lui-même fort
dans le cœur, comme il paraît par la manière
dont il la propose.

En vérité, dit-il, j'ai compris qu'il n'y a rien
de plus efficace pour mériter, pour conserver et
pour recouvrer la grâce, que d'être toujours
devant Dieu dans une disposition de crainte et
d'abaissement... craignez donc lorsque vous
sentirez la présence de la grâce, craignez lorsqu'elle s'éloigne, craignez lorsqu'elle revient,
c'est-à-dire, soyez toujours dans la crainte...
craignez lorsqu'elle est présente, de n'en faire
pas un bon usage... craignez donc lorsque la
grâce vous est ôtée comme étant tout prêts à
tomber. Craignez et tremblez devant Dieu, dont

vous éprouvez la colère. Craignez, parce que celui qui vous gardait, vous a abandonnés. Et ne doutez point que ce ne soit l'orgueil qui en est cause[1].

***

La vraie présence de Dieu.

La vraie présence de Dieu est de regarder en tout ce que l'on fait la vérité et la justice, et de ne rien faire qui ne s'y rapporte, Dieu n'étant autre chose que vérité et justice, et... toute autre présence de Dieu peut tromper et être commune aux bons et aux méchants, mais... celle-là ne trompe point, et ne convient qu'à ceux qui le servent véritablement[2].

Argument. — « Regarder, en tout ce que nous « faisons, la vérité et la justice doit, entre autres « conséquences, nous déterminer à agir suivant la « mesure de nos forces; agir moins ou plus, injus- « tice égale. »

1. Tome II, pp. 230, 231, 232, 233 (Livre III, chap. vi).
2. Tome II, pp. 277, 278 (Livre IV, chap. i).

Contre les trop grandes contentions d'esprit dans la prière.

L'avis que l'on donne ordinairement et que l'on doit en effet donner, de ne faire pas de trop grandes contentions d'esprit dans la prière, ne doit pas être fondé sur ce principe, que tout ce qui est humain est inutile dans la prière, car ce principe n'est pas véritable, mais sur d'autres raisons plus solides.

1. Que toutes les actions de l'esprit que l'on fait dans la prière, doivent tendre à échauffer la volonté, et que les actions pénibles n'y sont pas propres.

2. Qu'on est obligé d'éviter ce qui nous peut nuire notablement, comme les grandes contentions d'esprit ; parce que la tête s'affaiblissant devient incapable de tous les exercices où la pensée et l'application sont nécessaires.

3. Qu'encore qu'il soit permis d'employer des moyens humains, il n'y faut pas néanmoins

mettre sa confiance. Or cette grande application à chercher des pensées serait une marque que l'on s'appuyerait sur ces pensées, que l'on s'y attacherait, et que l'on serait dans l'erreur des Païens, dont l'Évangile remarque qu'ils s'imaginaient être plutôt exaucés à proportion que leurs prières étaient plus longues [1].

L'échelle des religieux.

La lecture, dit-il (Guigues, prieur de la grande Chartreuse, qui vivait du temps de saint Bernard), vous présente la viande que vous devez manger, la méditation la brise et la rompt. L'oraison la goûte, la contemplation s'en nourrit. La lecture ne présente que l'écorce. La méditation en pénètre le fond. L'oraison forme des désirs et des demandes. La contemplation jouit [2].

1. Tome II, pp. 320 et 321 (Livre IV, chap. v).
2. Tome II, p. 342 (Livre IV, chap. ix).

* *

La prière courte.

Il faut, dit-il (Cassien), nous accoutumer à faire des prières courtes, mais fréquentes, de peur que si elles sont plus longues, notre ennemi ne trouve le temps de jeter des pensées et des distractions dans notre cœur.... C'est de là que saint Benoît a pris la règle qu'il donne à ses Religieux, que l'oraison doit être courte et pure, si ce n'est que par une ardeur inspirée de Dieu, on ne la prolonge plus longtemps [1].

* *

L'ordre aimé de Dieu.

Dieu aime l'ordre et la règle, et est ennemi de la confusion et du désordre. Ainsi tout ce qui contribue à faire que notre vie soit plus uniforme et plus réglée, contribue à attirer l'esprit de Dieu en nous [2].

1. Tome II, p. 374 (Livre IV, chap. xiii).
2. Tome II, p. 379 (Livre IV, chap. xiv).

*
* *

Une seule vérité dans le cœur.

La méditation est destinée pour nous nourrir
de la parole de Dieu, et non pour nous repaître
de nos imaginations. Ce n'est pas un exercice
d'esprit qui ait pour fin de produire des pensées nouvelles. C'est un effort de l'âme pour
pénétrer les vérités anciennes [1].

Bien loin que cette foule de pensées serve
au but de la prière, elle y nuit au contraire ordinairement, parce qu'elle dissipe
l'esprit et l'empêche de s'appliquer autant qu'il
faudrait à pénétrer les vérités. Cependant ce
n'est pas la multitude des vérités qui sert au
règlement de nos mœurs, puisqu'elle s'efface
souvent de la mémoire aussi aisément qu'elle
s'y imprime; mais c'est d'être vivement touché
de certaines vérités capitales sur lesquelles on
doit établir la piété. Une seule vérité dont le

1. Tome II, pp. 386 et 387 (Livre IV, chap. xv).

cœur est rempli, nous est plus utile que cent
autres, que nous ne concevons que d'une
manière superficielle. Qui serait bien pénétré,
par exemple, de cette maxime : que Dieu fait
tout dans le monde, et qu'il ne fait rien que de
juste, en tirerait plus de force pour demeurer
immobile dans les adversités de la vie, et pour
être à l'épreuve de tous les maux et de toutes
les disgrâces, que d'une infinité d'autres vérités
auxquelles il se serait appliqué légèrement.

Il faut donc tâcher non à multiplier les
connaissances dans la prière, mais à augmenter
la clarté de ces connaissances et l'impression
qu'elles font sur notre cœur[1].

1. Tome II, pp. 394 et 395 (Livre IV, chap. xvi).

TABLE DES MATIÈRES

478-18. — Coulommiers. Imp. PAUL BRODARD. — 9-19.

9 782019 981549